(善)(意)
(溝)(通)

怡慧老師的 0 負評
暖心說話課

宋怡慧
著

各界名家一致盛讚推薦！

推薦人按姓名筆畫序排列

【高中教師】厭世國文老師

【作家・精神科醫師】廖泊喬

【全國 super 教師】趙蕙英

——專文推薦

【作家・企業講師】火星爺爺

【「閱讀前哨站」站長】瓦基

【企業顧問與人才培育講師】方植永（小安講師）

【王意中心理治療所 所長・臨床心理師】王意中

【歷史作家】李文成

【臨床心理師・作家】李郁琳

【譯者・閱讀推廣人】李貞慧

【薩提爾親子溝通暢銷作家】李儀婷

【閱讀推廣人・作家】林怡辰

【太毅國際顧問執行長・書粉聯盟讀書會社群創辦人】林揚程

【暢銷作家・歷史教師】吳宜蓉

【NU PASTA 總經理・職場作家】吳家德

【圖解力學院院長】邱奕霖

【臨床心理師】洪仲清

【作家・作詞人】城旭遠

【諮商心理師】胡展誥

【袁上雯皮膚科診所醫師．作家】**袁上雯**

【郝聲音 Podcast 主持人】**郝旭烈**

【小學教師．「奮進號」船長】**陳甘樺**

【新加坡學者作家】**陳志銳副教授**

【奇幻小說、旅遊散文作家】**陳郁如**

【曾任臺中市立北新國中學務主任、輔導主任．夢 N-SONG 讀講師】**陳茂松**

【宇喬創意廣告設計有限公司總經理】**郭品辰**

【詩人．藝術家】**許悔之**

【商戰 CXO 執行長】**許景泰 Jerry**

【馬來西亞波德申中華中學校長】**張永慶**

【亞羅士打吉華獨立中學校長】**莊琇鳳**

【暢銷作家．《請不要優先選擇誠實》作者】**黃光文老師**

【紀錄片導演．作家】**故事超人黃瑞仁**

【商業思維學院院長】**游舒帆 Gipi**

【《學霸作文》作者．新竹高中教師】**詹佳鑫**

【《要有一個人》作者】**楊斯棓醫師**

【剪紙藝術家】**楊士毅老師**

【企管講師、顧問．《高效人生工作法圖解》共同作者】**趙胤丞**

【哇賽心理學創辦人兼總編輯】**蔡宇哲**

【新加坡人工智能語言教育協會會長．新加坡當代藝術研究會會長】**蔡志禮博士**

【作家】**蔡淇華**

【臨床心理師．哇賽心理學執行長】**蔡佳璇**

【閱讀人社群主編】**鄭俊德**

【鉑澈行銷顧問策略長】**劉奕酉**

【「Life 不下課」主持人】**歐陽立中**

【高雄市新上國小教師．全國師鐸獎得主】**賴秋江**

【作家】**謝哲青**

推薦序

說一句好話，做一個好人

【高中教師】厭世國文老師

「語言的邊際定義了世界的邊際。」

奧地利哲學家維根斯坦曾說過這句話。我難以完全揣摩這位天才的真正想法，但若是從字面來理解，這句話可以被視為語言是人類認識世界的工具。它不僅構建了我們的思維框架，也同時限制了我們的理解範圍。語言能夠表達的內容，決定了我們對世界的認知邊界。

然而，當我們的語言不夠精確或豐富時，我們對世界的理解往往也變得模糊或狹隘，導致了許多誤解、摩擦和衝突的產生。這種溝通不順暢往往讓人與人之間的距離愈加遙遠，彼此無法真正接近對方的內心世界，將會造成更深的隔閡。

為此，我們需要時刻提醒自己，在每一次的溝通中都保持善意，用心傾聽對方並真誠地表達自己的感受。然而，光是擁有善意是不夠的，我們同時也要學習如何讓對方感受到這份善意。語言的限制往往導致我們在傳遞這些善意時出現偏差，即便我們內心充滿了友好的意圖，若表達方式不當，就可能被誤解、忽視，甚至引發反感。

即使知道要有被討厭的勇氣，但也不希望真的成為討厭的人。因此，善意與溝通都是需要學習的技能，以上兩者皆並非天生就能掌握的能力。這也正是為什麼怡慧老師的《善意溝通》這本書能夠成為一本實用的說話指南。它不僅幫助我們避免在交流中陷入誤解，還能提升雙方的理解與情感連結。這本書提供了一系列有效的技巧和策略，幫助讀者在各種情境中以更清晰、更具同理心的方式表達自己，從而促進更健康的人際關係，與良好的溝通環境。

在《善意溝通》中，有兩個特別值得推薦的亮點。

首先是書中提供的多種類型的操作方法與實踐步驟。這些具體的流程不僅清晰可供操作，還能幫助我們將抽象的想法轉化為具體的行動，把看似複雜的概念拆解成可以執行的部分。此外，在面對生活中充滿未知的挑戰時，這些結構化的說明與指導可以減少焦慮、煩躁和無助感，進而增強我們對環境、情境和行為的掌控能力與自信。不僅如此，這些實踐步驟還能讓我們隨時回顧與調整自己的做法，降低錯誤的發生率，幫助我們保持相對正確的前進方向。

《善意溝通》展示了許多專家和學者的實踐成果，比如黑幼龍提出的「聆聽階梯」、美國社會心理學家艾根的「SOLER」法，或是柯林斯在《從A到A$^+$》中所提到的「飛輪效應」，還有其他如有效提問的三個原則、讚美他人的四種方式，以及應對惡意的六大策略。這些工具和策略能夠幫助我們在不同的情境中進行更有效的溝通，從而增強彼此的理解與合作，促進良好且健康的人際關係。

第二個亮點則是書中豐富的生活情境舉例。除了講述操作方法，怡慧老師還將自己生命中的經歷融入其中，並將這些經驗化為生動的故事和例子。為什麼例子如此重要？因為它們不僅增強了讀者對書中概念的理解，還協助讀者將理論轉化為實踐，縮短理論與現實之間的距離。更重要的是，當我們看到他人如何克服困難或取得成就時，會發現我們所面對的挑戰並非獨一無二，而是其他人也會經歷的，這樣的認知往往能激發我們內心深處的勇氣。

因此，讀者可以從怡慧老師的經歷中獲得啟發，而透過這種真摯的分享，《善意溝通》也在鼓勵每一位讀者溫柔而堅定地活出自己的善良。

最終，語言的限制固然存在，但透過持續不斷的學習與練習，我們可以逐步擴展自身對世界的理解範圍。善意溝通能縮短心與心之間的距離，從而在一個充滿限制的語言世界中，找到更真摯、更深刻的連結。

你知道自己是一個好人，那麼理解《善意溝通》則會讓別人知道你是一個好人；當然，你如果不是一個好人，至少《善意溝通》會讓你看起來像是一個好人。

推薦序

同聲相應，同氣相求！

【作家．精神科醫師】廖泊喬

《易經．中孚》卦的卦辭：「鳴鶴在陰，其子和之。」意思是，就算仙鶴在看不見的地方鳴叫，小鶴也會跟著回應。怡慧老師就像這隻鶴，她用自己的力量大聲呼喊：「我們來閱讀！」「一同來寫作！」「大家一塊來練習原子習慣！」不僅她身邊的親朋好友受到啟發，甚至還引起了跨國界的共鳴。為什麼會這樣呢？緊接在後的《易經》卦辭便有了解答：「我有好爵，吾與爾靡之。」因為大家都知道當怡慧老師有好東西，總想和大家共享！光是在Facebook上，她的「＃怡慧老師推薦書」已經接近兩百本，更別提那些早期沒有被計算進去的書籍！

《善意溝通》中，怡慧老師繼續分享著好東西，她不僅僅分享溝通技巧與心法，更強調發自內心、從內而外的互動信念，進而形成人際間的良性循環。

與他人溝通時，怡慧老師將她心中最重要的主題——「安靜傾聽」，放在第一章。閱讀時，讀者應該會有相似的感受：怡慧老師雖然沒有明言，但希望大家能在閱讀中體會到滿滿的「陪伴」。她想要傳達的是，與「傾聽」共舞的是「陪伴」，善意溝通的本質在於彼此的傾聽與陪伴。

溝通有其方法，有時不適當的做法可能會弄巧成拙，導致最初的良好出發點被稀釋或誤解。《善意溝通》中的「精準提問」，怡慧老師強調了對他人的重視，來自於樂於向各種人請教的態度。她更鼓勵大家，提出好的問題不僅能讓人感受到善意，能解惑、更能成長。

在面對他人的優點以及自己想學習的特質時，給予「誠心讚美」是非常重要的。怡慧老師不僅在書中提到這點，她也在日常生活中時刻實踐。翻開對話紀錄，回顧與怡慧老師上次在蔬食餐廳的聚會，雖然餐廳和時間是由我來訂，但我並不能確定這家餐廳是否符合她的期待。然而，怡慧老師卻用一句「這個美食約剛好可以讓人精神飽滿！」來表達她的善意，用她自己的需求作為外在裝飾，為的是給予她內在誠心的讚美來當作肯定！

面對他人的誤會或不理解，我們需要《善意溝通》中的「保持冷靜」，仔細觀察這種互動中發生了什麼事情。這種冷靜的態度與分析，能幫助我們更清楚地理解對方的立場。令人感動的是，怡慧老師不僅提到了「換位思考」，還強調了在這過程中保持開放的心態是多麼重要。她提醒大家，在真實表露內心情感之後，當我們已經盡了全力、做到足夠好時，劃定「溝通界線」也是保持冷靜的一部分。這不僅有助於保護自己的情感，也能讓對方明白我們的界線，進而促進更加良善的溝通。

《善意溝通》中，值得劃線的金句實在太多了。有些句子是怡慧老師聽到後感受到的體會，有些則是她從生命經驗中提煉出來的智慧。這些句子都值得我們靜下心來，逐字逐句地細細品味，在與人溝通時若能給予自己提醒，將引發更多元也更深層的思考。在寫這段時，正好看到《一筆入魂》獲得了文化部中小學生讀物選介，誠心的作品將會被更多人所認識。正如《易經》中所說：「同聲相應，同氣相求。」良善的心靈會彼此感應，善意的溝通將形成一種不斷循環的正能量！

推薦序

巧妙運用「善意溝通」，就能夠無往不利！

【全國 super 教師】趙蕙英

我與怡慧的第一次互動是在臉書上。兩年前，怡慧的新書《國學潮人誌，古人超有才》問世，並在臉書上宣布將在紀州庵舉辦新書分享會。當時，我被她獨特的教學風格吸引，於是留言表示：「好想去現場瞄一眼」，表達我想去支持的心情。沒想到怡慧秒回：「歡迎歡迎，快來多瞄幾眼唷。」這可愛又善意的回應讓我驚喜萬分，也讓我和怡慧間建立了美好而神奇的緣分。

在新書分享會上，我完全被怡慧吸引。除了她優雅的氣質和深厚的文學底蘊外，更讓我感動的是她與讀者互動時的貼心話語：「在疫情下，還能有這場新書分享會，我格外珍惜。來參加的各位，對我來說，都是家人，都是疼愛我的讀者。」哇！就這段話，我被她秒圈粉了！

「是什麼樣的心情，能讓一位人氣作家如此謙遜，真心將陌生的讀者視為家人般的疼愛？」我思考著。分享會當晚回家後，我立刻上網，把怡慧過去出版的所有書籍全都買下來。怡慧是位良善美好的智者，我得好好認識她，更想向她學習。

從怡慧的書寫中，你會發現，無論是對親愛的家人、工作的夥伴、青春期的孩子、支持她的讀者，抑或是對一些事件的想法與解讀，她的文字始終充滿善意。即使再困難再苦澀的日子，經過她的詮釋，都能轉換為一種善意的考驗，一種誠摯的祝福，陰鬱的內心世界因而變得燦亮。

認識怡慧兩年多，她不僅激發了我對閱讀的興趣，甚至在我的工作和生活中成為重要的依靠。怡慧的寫作總是充滿了善意和鼓勵，不管是我在為學校尋找校長時，還是參加全國 super 教師選拔的過程中，她的文字都帶給我前所未有的力量，最終讓我克服困難，邁向成功。

在與怡慧老師的交流中，我也學會了接納自己的不完美，並將其轉化為成長的動力。她總是如此善意，鼓勵我勇於面對人生的挑戰，勇敢踏上攀登高峰的旅程。每一次與她的交流，都是心靈的鍛煉，讓我變得更加堅強，更有智慧。

對了！怡慧對我的讚美總是讓我感受到深厚的喜愛與重視。她給我取了「美字女王」的稱號，讓我運用原子習慣，進行每日美字的金句卡書寫，並將其放在臉書上，進而擴展了我的人際圈，結交了許多志同道合的朋友呢！

善意溝通達人，非怡慧莫屬！

有幸被邀請為怡慧老師的新作《善意溝通》撰寫推薦序，此時正值學校即將進行期中考，在我負責考卷審題的工作中，這本書中的溝通技巧成為我與同事間對話的利器。透過書中的教導，我與同事之間的溝通更加順暢有效率，不僅讓我們共同成長，也提升了彼此友好的關係。

富有同理心的溝通大師馬歇爾・盧森堡曾說：「語言可以是一扇窗，釋放自由，讓我們看見彼此；也可以是一道牆，審判我們，讓我們分隔兩邊。」這句話深刻地描繪了溝通的力量與重要性。如果你也認同善意溝通的價值，那麼讓我們一起轉變觀念，將溝通視為一場漫長且耗時的「享受」，學習怡慧的「善意溝通術」，讓善意溝通的種子在心中生根發芽。

怡慧最打動我的，是她的言行合一。《善意溝通》這本書彷彿是怡慧的化身，是她生活中的實踐，字字句句都洋溢著她溫暖的微笑和智慧的建議。了解「安靜傾聽、精準提問、誠心讚美、保持冷靜、循環善意」的重要性與技巧後，你會發現，這本書不僅是一本有關人際溝通的指南，更是一本關於內心成長與自我認識的啟迪之書。善意溝通不僅能改變你與他人的關係，還能改變你與自己的對話方式，讓你的生活變得更充實且有價值。

在這個喧囂的世界，怡慧的善意溝通如同一股清流，柔和而堅定地滋潤著每一顆渴望成長的心靈。

感謝怡慧，她用溫暖的言語和關懷的文字，點亮了我們內心的火焰，讓我們擁有勇氣直視自己的美好與缺點，並激勵著我們向前邁進。

感謝怡慧，帶給我們這份珍貴的禮物，讓我們在善意溝通的光譜中，找到屬於自己的信念與美好。讓我們一起閱讀《善意溝通》，讓善意循環扭轉未來，讓愛與善意成為我們生活中最美麗的詩篇。

CHAPTER 1

安靜傾聽

CHAPTER 2

精準提問

(CONTENTS)

CHAPTER 3

誠心讚美

CHAPTER 4

保持冷靜

CHAPTER

5

循環善意

CHAPTER

1

（安）（靜）（傾）（聽）

美好的溝通，從傾聽開始

很多人以為溝通應該先從「怎麼說」開始訓練，其實一流的溝通專家都是先學會「傾聽」的。

作家周震宇曾說：「善聽，聽出言下之意，聽出對方心裡面的聲音，是溝通力的首要條件。」因此，最理想的溝通方式是「聽懂」，而非一味地善說，看來「善聽」成為人際溝通的第一道橋樑：傾聽世間的快樂跫音，靜聽人間悲傷的低語，人際溝通的初始，常不是滔滔地說，而是靜靜地聽。

「先聽懂，再開口」是善於溝通者奉為圭臬的「勝經」。情緒心理學權威克里斯多福曾說：「傾聽是一種謙遜的態度，是一種把他人放在自己之前的態度。」回溯過往與他人的相處，常記不得彼此到底說過什麼內容，卻很直觀地把對話的感受烙在心底，成為日後是否要繼續交談的憑據。因而，善聽者的第一步是尊重說話者的觀點、心情，遵守「不批判、不打斷、不爭執」三不政策。第二步是放下成見，感受對方真實的心情。第三步是能覺察到對方情緒的起伏跌宕，同理他人的心情，穩穩接住對方的心情，彼此觸動而共情共感，而非急著作回應。

那年，我在話筒的一端得知祖父母驟然離世的噩耗，聽見母親畏怖又壓抑的哽咽聲。徘徊在生死渡口的親人，最終抵不過命運的折騰離開了我們。當時手上還有棘手工作的羈絆與纏縛，在尚未回神感受悲愴的當下，腦內轟響著混亂的雜音，心田瞬間荒蕪了，沒時間流淚，只是緊抿著嘴唇，驚愕到無法思考。踩著慌亂的腳步，趕緊和學校請假，我和上司說：「親人離開了，我得趕緊回家探一探。」上司沒有說話，只是緊緊地抱著我，那一抱，讓我的眼淚潰堤了，對母親孤伶無依的擔心，對工作無人接手的煩惱，一下沖垮了我，生命的無常，讓堅毅的我措手不及，生猶可戀、生無可戀，人生到底是怎麼一回事？

上司溫暖地說：「我知道妳很難過，很難過，我陪妳難過一下就好。」

當年，就是這句話接住我搖搖欲墜的靈魂。原來，有人理解我的難過，而且陪著我一起難過。我好像抓到一塊浮木，歇斯底里地對他說：「我想要再聽一聽阿公阿嬤說話的聲音，如果可以，我想要時光倒流，讓他們和我說點話，唸唸我也好，罵罵我也可以。」

上司沒有直指親人離開的事實，他堅定地對我說：「親愛的怡慧，他們正在凝視著妳，妳可以再和他們說說話，他們未曾離開。過去不會，現在不會，未來也不會。以後，以後的以後，想起了阿公，念起了阿嬤，換個形式就是夢裡相見了。」

悠悠的心事好像被細細傾聽了，漫漫前路也沒有那麼難以前行。面對我坑坎崎嶇、擺盪在心中的問句，他沒有告訴我該往哪裡去，我卻看見一條可以前進的坦途，我好像聽見親人在我耳際輕聲地說：「命運的鋪排都是好事。妳要耐著性子，學會等待，我們就會在未來的彼岸再次相遇。」

後來，我明白了：傾聽者最重要的，是核對內在接收到的訊息，並能精準理解對方的思維。最重要的是「此時無聲勝有聲」，對方需要的是陪伴，有人願意陪伴他哭著、笑著，感受從無助到接受，從接受到平緩的情緒旅程。你不需要立即給出解方，只需要安靜地陪伴他、同理他，讓他感受到有人聽見他的求救聲，而且願意真誠地拉他一把。

卡內基認為：「傾聽是對他人的最高恭維。」當你願意全神貫注地聆聽他人意見時，你已經在進行一場安靜卻強大的對話了，你的靜默，傳遞著「你說的話對我來說是重要的訊息和信念」。如果想要當個稱職的溝通者，就要學著成為有智慧的傾聽者。當你能鼓勵他人說出多少的真心話，就證明自己有多大的影響力，你的傾聽帶來雙贏的人際關係，代表你願意花時間關注對方的情緒，願意回應他的求助與分享，你讓他知道，你願意花時間在他的身上，傾聽表示你們關係匪淺。

記得小時候，我常幫母親染髮，染劑一不小心就會因手顫抖了而沾染到皮膚。因而，母親總是在此時盡情地分享日常的瑣事以緩解我的緊張和壓力。平日寡言的她，此刻突然一股腦兒地把快樂與哀愁都傾訴於我：他人期待或質疑的眼光，她勉力也無法達標的茫然與疑惑，街坊鄰居的道聽塗說……說到悸動處，或潸然落淚或義憤填膺。豆蔻年華的我，涉世未深，實在無法撐起她的情緒，更無法協助她安頓內在的恐懼與不安，唯一能做的，只有安靜地聽她叨叨絮絮地說著瑣碎的事件，讓她泰然地抒發情緒。

有次我聽到她訴說自己委曲求全，卻無法得到所謂的現世安穩時，突然停下手上的染髮工具，真誠地向她說：「我真心祈願媽媽可以是快樂、幸福的人，而非刻板地複製『模範母親』的樣板。妳不只是母親，妳也是妳自己。」

當時，我並不懂其實卡內基的傾聽強調誠實（honest）和真摯（sincere）兩種態度。只記得當下母親愣住的表情。她長久武裝的母親形象瓦解了，她低泣地說：「妳長大了……是一個可以放心說話的『大人』了。」

母親投以信任的隱密告白，深切影響我的人生。任何人對我投遞的情緒，傾訴的話語，我都習慣先以「只聽不說」的形式接住他們的感受。我不只會恭謹地記住，更會謹守一字未露的誠信，珍惜與我進行心靈對談的親友。即便未來海角天涯，各分東西，相互聽與說的歲月如同情誼的信物，牢牢記住只有我知道的故事，那是一位傾聽者該做到的善意與自律。善意傾聽，是先讓自己擁有一顆廣袤如海的同理心。首先，你得要先拋棄以自我為焦點的思考，專注在對方的情緒。接著，你不只要耐心地傾聽，更要擷取到對方「重要」的訊息，正確聽到對方的需求，聚焦說話者的論述核心。

溝通的訣竅，並不是辯論技巧或是說服能力，而是透過傾聽找到情緒真正的來源，能把話題導向說話者需要的方向，讓說的人快速釐清內心的想法，不至於在原地裡打轉，陷入情緒的泥淖。

那年，祖父母走了，母親頓時成為世間最孤獨的人。我們即便是如此親密，卻也有不能進入的心情禁地。她瞬間丟失了摯愛，她失去每週照護父母的幸福，千迴百轉的失去傷痛，她表現得太克制、太平靜，祖父母喪禮結束，她尋常得讓我陌生，我感受不到她一絲的難受，悲痛被她藏得太深沉，我得等待她自動吐露。那年小年夜，她忙進忙出的，我只能跟著兜兜轉轉。突然她叫住貼春聯的我：「把廚房的那鍋微溫的滷肉提到後車廂，待會兒要載回竹山給妳阿公阿嬤品嘗……」

我沒有接續她的「失言」，就只是默默走入廚房端起那鍋滷肉往門外走。在我打開車門時，她突然流著淚喚住我了：「不好意思，我忘記我爸媽離開了，我不用再燉肉回家了。今年，我變成一個無父無母的孤兒了……」

那句話說得好輕，輕到我開始埋怨起上天對母親的殘忍；那句話說得好重，重到我無法喬裝堅強而陷入無望的悲愴。

「媽，妳不是一個人，妳還有我和弟弟……」那是我第一次用盡全力的吶喊，喊到我都感覺撕心裂肺的痛楚，讓我有些難以支撐身子。

那是我此生最艱難的一次傾聽，是親情的失落飄零，是花開花謝的渺茫，是沒有好好告別的遺憾。

「對不起，我忘記我還有你們……」媽媽的對不起，喚回我的理智線。面對沒有邊界的失去，她驚慌到片刻失憶、連活著都很艱難；面對生命的結束，她的愛卻從未離開，母親深藏的「重要」訊息和內在需求，在此刻全讓我「聽見」了。

「媽，妳再多說說妳和阿公、阿嬤的故事給我聽，好嗎？阿公和阿嬤現在都在天上聽著我們對話，這次我們好好地說，說給他們聽。放下這個冬天的紛擾，我們坐下來把過年的喜訊和他們分享，好嗎？」我強忍著淚水地說。

一件件前塵往事，在母親溫柔話語的拼湊下，猶如美麗流光的回歸，無人知曉的日子，母親說得輕柔又完整。放下驚恐之心，我熟悉的慈愛母親回來了。她真誠面對生老病死的命運強擊，此刻雖以哭泣回應悲傷，但迢漫的療傷之路，我們就笑著彼此祝福吧！

「媽，阿嬤曾對我說過，長大後要換我好好照顧妳，現在我要履行阿嬤的託付，妳的未來，就由我來負責吧！」或許，生命禁不起延宕與蹉跎，沒有這般無情的境遇，我無法珍惜「呦呦鹿鳴」時光的珍貴，無常鐫刻日常悲喜的斧痕，幸福果真得來不易，我們都要格外珍惜所愛的人，都要好好生活。人間的情愛，就像蔡珠兒《種地書》說的：「如時翻作。如時撥弄。如一朵花靜靜開落。」我們只能勤於耕耘，無法預期豐收抑或是歉收的結局。再親密的關係，只要遇到危險或是恐懼時，我們就會築起一道心牆，讓對方遺失打開心門的鑰匙。而建立善意的傾聽關係，會是推倒心牆最好的方法。

傾聽比任何道理都具有說服力。聽的人能利用「聆聽階梯」，幫助說的人釐清糾結的情緒，找到問題源頭，從聽與說的拋接，慢慢地建構理性的思路。一如《神隱少女》說的：「用善意的心情去理解別人的話，會讓世界單純美好容易。」所以，話術掌握得再精妙，無法展現善意，說到他人心坎裡，就不算有效溝通。因而，先同理對方的情緒感受，不做任何的解釋分析或批評，才能讓人在一來一往的對談中，有能力自己找到真正的解決之道。最後，我們可以根據作家黑幼龍 LADDER 的做法，善用「聆聽階梯」來完成人我溝通：

1. L，**凝視**（Look）：目光關注說話者，要有耐心聽他說完，眼神不要飄移要專注凝視。

2. A，**發問**（Ask）：引導對方多闡述自己的想法、心情、感受，表達自己對他的說法感興趣。

3. D，**不打斷**（Don't interrupt）：讓對方完整表達想法、心情、感受，點頭表示理解。

4. D，**不換話題**（Don't change the topic）：無論是否認同都不可以轉移他的談話，多鼓勵他完整呈現思考的面向。

5. E，**同步情緒**（Emotion）：說話者與傾聽者必須處於同向度的情緒光譜上，支持對方表達的心情。

6. R，**回應**（Respond）：利用肢體動作表示認同其情緒，正向回饋傾聽者的認同度。

傾聽是溝通的起點，若能提升對話的共識，就能獲取溝通更大的能量。猶記吳念真微電影《Be A Giver ─感謝先生篇》提到：「代筆人善用文字的技巧，避開傷人的字眼，在真實與虛構之間，以善意找到雙方關係的平衡，既能傳達訊息，也能從中聯繫人際情誼，達到雙贏的文字溝通。」善意傾聽者就像情緒代筆人，利用傾聽的技巧把對方負向的情緒轉換成正向的對談，達到善意溝通的終極目標。傾聽猶如心與心的交流，靈魂與靈魂的對望，想要讓別人對你好好說話，就得要學好安靜傾聽的藝術。

一流傾聽者不會被動，而會主動出擊

「傾聽」是個看似消極的被動行為，其實一流的傾聽者是高明的「主動」出擊者，只是，他們從不躁進，善於等待機會，懂得察其言觀其色。清楚掌握對方可以接納的範疇，進行有效溝通，而非站在自己的立場，一味強爭猛攻。包裹善意的讀心術能在他人尚未說話前，就讓對方卸下心防，願意主動分享自己的心事，也在友好的氣氛下，更容易接受對方的建議。

像是我與母親感情雖深摯，卻也清楚父母對子女多是「刀子口、豆腐心」。即便像母親那般溫柔的人，一鬧起彆扭，也會和我展開激烈的爭執。

我曾因情緒低落自暴自棄，此時的我變得冥頑不靈，她多次勉力勸慰卻得不到善意回應，反而換來我變本加厲的決絕對待。在不安、委屈的負面情緒襲擊下，我們原本親密的關係陷入不知所措的困惑，她極度悲傷，卻尋不到和我對話的契機。溝通挫敗的她只能離家出走，像是對我冒昧行徑投以無聲抗議……

「砰」的巨大聲響，頓時讓我打開情緒的耳朵，目光緊懸在她的背影，身體緊隨著她的腳步，眼見母親的影子在炙熱的日光下顯得瘦長又羸弱，霎時有些心酸，父母日漸的蒼老更襯出我的不孝與不順。我的輕率，讓愛的片刻稍縱即逝，我在乎的是誰對誰錯，而非家人的快樂與不快樂。母親是我此生永不放手的愛，我卻輕擲對母親一生不變質的承諾。

此刻，我們看似彼此傷害，卻也理解所有行為的背後，真實的意念還是愛，只是如何把這有毒的語言外衣褪去，才能讓熾熱的感情回溫？這需要傾聽者積極的主動出擊。

「媽，對不起！我不該理不直，又氣壯的，我是不是很壞，很傷妳的心，真的很對不起。妳不要委屈自己，妳可以生氣，妳可以罰我，都是我不好。」

我拉了拉她的衣袖，傳遞真誠的歉意。

慈愛的媽媽完全沒有怨言地回過身來環抱著我。做事總是快一秒的媽媽和作風總是慢一秒的我，在當下幸運地接住彼此的心緒，或許因為過於忙碌，我忘記母親從不在自己的時區觀照自己，她永遠活在我的世界陪伴我度過生命重要的時刻，她毫不猶豫離開舒適圈，為我的未來披荊斬棘，讓我的前方疆界無限廣袤。這次，母親依然不計前嫌地、靜默無聲地撫摸著我的髮絲，給予我真實的理解與安定的力量。

我打破沉默地說出：「媽，就像龍應台《目送》說的，家人的緣分，不該在歲月的磨損下漸行漸遠。我們要學習用愛來處理，我會淡化自己的感受，多以妳的心情為主，為了媽媽，我願意多點退讓、讓出更大的『愛之空間』。」

溝通應是強化兩方彼此理解的過程，傾聽者若能善用美國社會心理學家艾根（G.Egan）提出的「SOLER」法，在誤會發生時，就能先從眼神、肢體的互動，讓對方能輕鬆自然地卸下心結與尷尬，真誠地表達出支持與關心，讓對方感受到你是懂他內心世界的知音。「SOLER」傾聽的做法如下：

1. S，**正視對方**（Squarely）：當別人在說話時，中斷手上的事務，聚精會神傾聽，讓他感覺這是「雙向交流」的互動。

2. O，**開放思維**（Open）：當對方在說話時，避免雙手環抱於胸前，造成對方說話的壓力與距離。

3. L，**微向對方前傾**（Lean）：微傾對方是善意的身體語言，代表你願意多了解或親近他的感受。

4. E，**眼神接觸**（Eye Contact）：用同理的眼神注視他，用點頭表示贊同，專心聆聽其說話的內容。

5. R，**放鬆**（Relax）：傾聽者身體越柔軟越放鬆，越能鼓勵說話者輕鬆以對。

溝通常常讓彼此能再往對方的心走近一點，靠近彼此的需求多一些，

「SOLER」法讓溝通不是在原地兜圈，而是透過傾聽的善意迴圈，產生積極的對話，讓彼此更輕鬆地說與聽。當彼此願意善意對話，發現對方真正的需求，就能化解過往的歧見，超越認知的藩籬。

世間多紛擾，溝通是面對善意的折射，在流動的世界，溝通的頻率決定關係的留與不留、問題如何解決的形式，也讓我們都能活成與愛同行的人生。有時，寧可退回溝通的原點，選擇多一點善意傾聽，再多一點的主動回應。

有次，一名失戀的女孩哭得梨花帶淚，不斷地向我控訴男友多日神隱、已讀不回的行為。學生敞開心胸的談話，讓我想起當年元稹與薛濤轟動中唐文壇的姐弟戀。兩人熱戀時，薛濤為其創作〈池上雙鳥〉，描述彼此情深意濃的戀情。三個月的蜜月期後，元稹被讒言所害貶謫到洛陽，薛濤寫下「花開不同賞，花落不同悲。欲問相思處，花開花落時。」暗指自己會盡力維持這段遠距離的感情。後來，元稹也是行蹤成謎、杳無音訊。當薛濤聽到愛人消息時，元稹早已娶了裴淑為妻，至此，薛濤不再談情，終生未嫁，成為隱居在浣花溪畔的女道士。想起這段故事，讓我不禁也悲從中來，有些難言的情緒，感同薛濤、女孩的愴然心情，想著想著竟也淚如雨下。

後來，女孩被我斷了線的眼淚震懾到止住悲傷，反而大氣地說：「老師，其實失戀的是我，被拋棄的也是我，妳流不停的眼淚讓我驚覺，妳是不是也和我一樣失戀了呀！不哭，不哭。」她柔情地拍了拍我的肩膀，輕聲地說：「我們要堅強起來，尋找下一段新戀情，好嗎？」

誤打誤撞的傾聽經驗讓我習得，傾聽絕非隔靴搔癢的、淺碟的慰安。能夠打動對方對話意願的，是讓對方感受到你把他的經驗「共情化」。這呼應精神分析學家佛洛姆（Erich Fromm）說的：「傾聽的前提是愛的能力。理解別人意味著愛他，這並非是情慾意義上的愛。那是一種向對方敞開胸懷，讓他能夠克服困難及不再害怕失去的愛。」這段重要愛與溝通的經典闡釋，讓我發現：傾聽不只要理解，也要打從心底愛著說話的人，理解是用大腦思考的過程，而愛卻能讓我們通往根本理解的溝通，終於愛的關懷。讓對方也清楚知道，面對困境，他們自己也要覺察當前狀況，一個人改變的契機根源仍是自己，能讓內在的能量開始產生作用的，是理解與豐沛的愛之能量，當它們枯竭了，面對改變就沒有著力點了。

作家林克孝在鍾愛的山林找路，找自己，也找生命的熱情。溝通也是這樣，說著、聽著，主動去探索對話的渠道，跨越單一溝通的界線，找到溝通的節點，將荒蕪野徑也變成落英繽紛的世界。佛洛姆在《傾聽的藝術》的書寫讓我們理解到：溝通始於凝聽，凝聽始於去愛。做為一個主動的凝聽者，你必須心無旁騖、全神貫注地聽懂問題。同時，凝聽者也會是一個擁有豐沛想像力，並具備客觀說理的語言表達者。簡媜曾說：「表達能力其實和閱讀的多寡有關，一個人能多讀書，甚至把一本書看得深入，表達能力自然與眾不同。」閱讀確實能讓傾聽者培養更多「代入」他人心靈情緒的移情力。

曾與我相遇的、躁動不安的年輕靈魂，他們大多是有劍芒性格的孩子，可能對未來懵懂未明，就歸因於對體制的滯悶；因為不理解應對進退的禮數，就選擇以抵抗衝撞來抗議他們眼中的虛偽。一如魯迅所言：「人一旦悟透了就會變得沉默，不是沒有了與人相處的能力，而是沒有了逢人作戲的興趣。」成人世界的規矩、教條，執拗的他們不可能照單全收，箝制思考的桎梏是他們急於掙脫的。

但敏感的心總需要被熱情探訪，迷途的靈魂也會希冀歸返，封鎖的真情也期待重獲自由。身為他們的老師，累積多年相處的經驗，我總自動戴起「愛的濾鏡」，無論是友情、親情、愛情，他們願如飛蛾撲火般，奔向所欲的對方。一如韓劇《繼承者們》說的：「我們知道，在十八歲那段遍布荊棘的時間裡，我們曾經流過多少淚，受過多少傷，摔過多少跟頭，我們曾經多麼激情飛揚。」他們多是忠於自己內在聲音的靈魂，即便流淚也不屈膝背離真理。

有次，我在下課時光聽見他們滔滔如是說：

「爸媽每次說輸了，只會撂狠話，或是扣我的零用錢，行為真的很蠻橫。」

「爸媽最喜歡情勒了，只會說『我都是為了你好！』我真的無言以對。」

「他們根本就非理性，連聽都沒聽就直接冷暴力相待，行為真的超失控。」

「每次都負評我，愛比較，張三李四都可以拿來比，就是聊天的句點王。」

感覺起來，這就是一場父母的批鬥大會，但這些刺蝟少年、少女真的有這麼討厭給予自己生命的父母嗎？看到他們說到欲罷不能、同仇敵愾的模樣，父母並非真正的厭棄或壓力源，相愛的他們缺乏的是彼此溝通的雙向方式。

那天班會課，我在黑板寫下討論議題：如何和父母好好說話？

同學們都面面相覷、瞪大了眼睛。此起彼落地說：他們大人很固執，很難教會，他們不會聽我們的，我可以直接放棄溝通嗎？孩子抱怨的背後，傳達的是他們長期缺乏善意往復的心靈感受，或許是每次家人對話分道揚鑣的錯愕，或許是每次親友溝通充滿問號的淚水。

我沒有反駁孩子們，很認真地聽完所有關於溝通的奇聞軼事，把關鍵字：「善意傾聽」寫在黑板上。他們的委屈是不被理解的悵然，他們的煩惱是不被信任的愕然，這些有情緒的字眼，我都自動去除。我知道：他們要的是父母能變成傾聽的夥伴、變成說話的同伴。我應該要讓他們學會，如何引導父母知道自己當下的苦楚，知道自己能被穩穩接住了，有善意傾聽者，他／她不再是孤軍奮戰。

第一步我做的是先讓「情緒卸貨」，你就好好地抱怨吧！我不急者說理、不急著改變，反而抱持好奇心，做個複製結論的鸚鵡：你說的意思是這樣嗎？你向我表達的是那樣嗎？不斷與他們確認親子的溝通，讓他真正的不舒服的點可能是什麼？我試著讓他們去思考：這些抱怨是否都是真相，背後是否存有善待家人的角色互位？

第二步我做的是「關係確立」，回想溝通失敗的關鍵是什麼？是不是太急著談誰對誰錯？如果再一次，彼此可以怎麼好好對話？當你把關係先穩固，拉回情感面，親人間就容易有效溝通。父母生氣小孩打電玩，卻忘了他的嗜好很多，有跑步、唱歌、打電玩，只要時間分配夠好，都能自由選擇。父母覺得青少年難搞，或許忘記自己小時候也度過叛逆輕狂的少年十五二十時。所有委屈其實都來自於還想繼續維繫家人親近的關係，會激烈反駁都是想讓對方不要再誤解自己。

第三步建議使用「三明治溝通法」。先同理對方、肯定對方、讚美對方，這是當嘗試破冰與解決問題的有效策略。具體的建議或是期待，可以不動聲色地放在中間，讓對方先接收到「共感」與「讚美」的情緒，接著再說出對方可具體執行的建議或是內心真正的期待，最後再傳達「認同」或「鼓勵」的祝福。這樣的表達方式與順序，能做到善意交流，避免對方有被攻擊或藐視的情緒，容易凝聚良善輕鬆的溝通氛圍，有助於表達者與傾聽者拉近彼此的理性思考。

人我關係的崩壞常常是冰凍三尺、非一日之寒。受苦為難的絕非說話者而已，也牽涉到與之互動者。主動投其所好的對話也是內心療癒、關係重建的過程。每次傾聽親友的對話，我都彷若被點醒般，在傾聽的過程修正自己的偏執，收攏我的妄見，返觀我的內心，謙卑地承認「自己可能錯了」，讓觀察的智慧成為善意溝通的真正藝術。

良性附和：讓人感覺到善意的共鳴，而不是敷衍

日本「對談高手」越智真人在《聊不停的聰明問話術》中提到：「溝通的重點在於了解對方，讓對方『盡情說』才是重點，絕非我們拚命找話題。」即便是簡短的一句話，卻能讓對方感覺被重視、被徹底理解，甚至記住和你說話時的愉悅感覺，那就是引起善意共鳴的「良性附和」。因而，我們絕不能忽視他人表達的細節或弦外之音，當你願意全心全意給予「同頻」反饋時，那麼對方就彷若置身於「聊得開心」的氛圍，對話的心情刻度當然是停駐在完美的記憶熱點。

記得大學新生訓練的時候，同學們會在課餘彼此閒聊，進行人際破冰。有些人和你一聊之後，你就會興起一股「咱們謝謝再聯絡」的念頭；有些人卻會讓你打開話匣子說到欲罷不能。這種令人愉悅又滔滔不絕的經驗，讓其中一位

對談者後來甚至晉升為好閨蜜等級的人生至友。他們到底「說」了什麼，會讓當時的我產生兩種迥然的感受呢？

其實，當下他們都友善地詢問我：「怡慧，妳是哪裡人？」個性靦腆的我皆簡短地回答：「雲林」。

A很坦率地說：「雲林不是黑道的故鄉嗎？妳也太優秀了吧，竟然能出淤泥而不染地考上師大，還能去除黑道標籤來到首善之都讀書，實在太厲害了！」

表面聽起來，他好像是在誇獎我，但為什麼聽起來就讓人渾身不舒服，頓時讓我無法接續回答。後來只能對他尷尬地微笑，話題也就戛然而止。

B則是誠懇地說：「高三畢業旅行時，我曾去過雲林，覺得這個地方很淳樸友善，很可惜沒有機會再深度探訪，妳願意推薦幾個私房景點給我嗎？」

表面上，他只是在說自己的旅遊經歷，卻又很巧妙地替我的故鄉作正面形象的背書，同時，也順帶邀請我多談談自己故鄉的美與善，瞬間讓我對他印象加分，忍不住和他攀談起來。

年少的一段往事，讓我憶起兩人不同的回應，一句話也決定彼此親近或疏離的關係。過於關注在自己感受的回應者，容易製造看法的差異，進而陷入關係的分歧。而善意的附和者，能夠站在對方立場說話，反而能為自己開啟更多人脈串聯的機會，一如形象顧問吉原珠央在《不說「我」，別人才聽你的》提到：「人最在乎的是自己。」每個人最感興趣的話題通常是跟自己有關的連結。

雲林是我的母土，對我而言，也是生命重要的價值核心，溝通其實是最真樸的互動，當你帶著珍惜、感激的心意，就能為一段對話獻上善意的光亮，讓心靈的契合度更高。當你願意從認真傾聽開始，良性回應別人真實的需求時，就能得到友誼的敲門磚。既然不同的回話方式會導致不同的溝通結果，如何在他人說話時精準附和？我建議可以根據以下五個步驟進行：

1. **安靜與專注，絕不能打斷對方談話。**
2. **回應時揚起嘴角，展現同理與善意。**

3. 你的回應需傳達「你是對的」的同理心。

4. 盡量聚焦在對方表達的關鍵點，適時回應：「我也是！」

5. 讓對方在跟你溝通之後，能成為更有自信的溝通者。

有人說：「傾聽不是一場表演，而是人與人之間最能觸碰真心的行為。」因而，善意是表達的唯一途徑，它撫平了表達者的脆弱不安、動搖不定，透過自然拋接、對答無礙，彷彿在為表達者打一劑強心針，就像兩個善意的聲道交互發聲，聲調越激盪、越高昂。良性附和者，不需要刻意表現自己說話有多積極，只要透過自然而然的一應一和，就能讓兩顆心越靠越近，把一個人的溫暖移至另一個人的胸膛，幫助彼此看清內心細緻的情感靠傍，這是一種彷若靈犀相遇的對談感動。

良性的附和有時候不一定要說話，也可能是短暫的沉默、安靜的陪伴。擁有幸福是一輩子的經營，失去幸福卻常是一霎時的經歷。某年冬日，在淒冷的台北，我竟莫名失去一位生命中重要的朋友。幸福曾經真實地抵達，卻又倏忽即逝。我漸漸地失去生命的秩序：說好要一起探看生命的春暖花開，失約的人卻不會懂得站在原地佇候的絕望。周圍的朋友知道我難過，都不提及「遺失」的話題，但他們的小心翼翼，反讓我躲進更孤獨的角落。「失去」不是容易承受的情緒，彷若在黑夜冷酷的異境獨走。

但就像海德格說的：「哪裡有危難，哪裡便出現拯救。」那天，好友突然跑到我家樓下，他靜靜坐在我的旁邊，偶爾拍拍我，輕喚我幾聲名字。即便我連頭都沒抬，這份安靜的陪伴卻給予我穩定的依恃。沉默的愛，將我的心填得飽滿起來。我第一次感受到有人願意為朋友付出所有時間與心力。道別前，我望見橘燦的餘暉灑落，空氣漫開和煦的暖流。我頓時明白徐志摩〈偶然〉提及的：「我是天空裡的一片雲，偶爾投影在你的波心。」安靜陪伴原來是生命最良性的附和，時間釐清情緒的雜質，靜謐產生強大溫暖的力量，我投以心底的嚎啕哭聲，他抱以清亮的祝福迴音，此刻無聲勝有聲，心中的傷口開始有癒合的可能。

後來，一部日劇《出租什麼都不做的人》詮釋的正是安靜的陪伴，這也是良性附和的例證。劇中男主的職業是出租自己，但他是「什麼都不做」的安靜陪伴者。對於只是「乾坐」，就能「解救」眾人煩惱的劇情，許多人都感覺不可思議。但從過往的經驗，我確實能體會安靜陪伴所能帶來的強悍溝通力。當我們陷入絕境、無路可走之際，陪伴其實是最真切的療癒。對方不用給予我們任何答案，只需要以真心讓出心底的位置給予陪伴者，無聲的回應反而是專注關懷的所在。或許，你表面上什麼都沒有做，卻慷慨地把珍貴的時間送給對方，時光的流逝，並非虛擲而是最好的情感支持。

良性附和聽起來很簡單，做起來卻很需要竅門。良性附和絕不是當「拚命點頭」的木頭人，你不只要能輕鬆地融入對方話題，也要懂得怎麼接話，避免變成無趣的「句點王」。同時，在對方說話時，還要繼續 Hold 住熱絡的談天氣氛，讓對方覺得你是「很好聊的人」。就像岡本純子《世界第一的聊天術》提到的：良性附和大抵有三個拋接對話的形式，一是說出來（把球丟給對方），二是聽進去（讓對方接到球），三是一起聊（讓對方把球丟回來，你一言，我一語，加深彼此情感）。由此可知，一位良性附和者必須在關鍵時刻作出「支持型回應」，讓對方能不斷滔滔地把話說好說滿。舉個例子來說，英國首相邱吉爾的母親珍妮・傑洛姆（Jennie Jerome），在回憶錄中提到，她眼中最會表達的男人迪斯雷利（Benjamin Disraeli）時，給出這樣的評價：「坐在保守黨首相迪斯雷利旁邊，讓我走出飯廳時，覺得自己是全英國最聰明的女人。」迪斯雷利並不是把表達的光環聚焦在自己身上，而是敏銳地察覺他人熱中的話題，透過流暢的丟拋球回應，讓對方變成說話的發光體，讓他永遠都有話可以說。良性附和的溝通者擅長把話題轉向表達者，讓對方可以不斷透過回應，盡情發揮說話的能力。他們就像是可以在大理石中看到天使的雕刻家，讓表達者在循循引導下，深入地闡述自己的看法或見解。就像哲學家哈貝馬斯（Jürgen Habermas）說的：「世界成員在世界中如何感知事物，又如何應對事物，關鍵取決於揭示世界的語言視角；而這視角好像一束光，有了它，語言這個發光體就可以使世界中發生的一切時間都變得明亮起來。」

「支持型回應」（support response）的高手，善於營造輕鬆「接話」的環境，總是主動展現接納的姿態，讓良性附和變成對方願意吐露心事的催化劑，不岔開對方話題，能找到有意義的關鍵詞，給予對方合拍的回應與情感的連結，展現出善意溝通的共鳴。接下來，我們一起來閱讀以下兩段不同的對話，試著思考一下，如何表達能讓對方更有機會繼續說下去：

（一）

A：我的寵物上禮拜開始不太吃東西，看了醫師後，狀況還是沒有好轉……

B：之前朋友養寵物也會有這種情況，你就不要窮擔心了。

（二）

A：我的寵物上禮拜開始不太吃東西，看了醫師後，狀況還是沒有好轉……

B：天呀！真的辛苦你了。這幾天你都做了哪些努力呢？

美國記者凱特・墨菲（Kate Murphy）在《你都沒在聽》說到：「聆聽者乍看是對話中溫順的一方，實際上卻處於溝通中更有力量的位置。」前者的回話屬於「轉移型回應」，當你說完話之後，這個話題形同結束了。但是後者的回話屬於「支持型回應」，能先給對方心態上的同理與支持，並持續在這個話題展開討論。當你運用真誠與開放來詢問，不作主觀的評價或是引導，彼此的溝通就好像在打乒乓球，這種良性附和就像把話題不斷傳接、再傳接，一問一答之間，都聚焦在對方想分享的重點去回應，而非自己想要說的去開展話題。記得有次和朋友聚會時，大家都在談論餐廳哪些食物好吃，哪些料理獨特。突然，換到某位朋友接話時，他的回答竟然是：「與其說自己喜歡的，不如聽聽大家是否有討厭的食物？讓我未來有機會邀約大家時，可以不會大踩雷。」聽到他的回答，我沒來由地就對他產生好感，當大家一窩蜂地高談闊論自己的喜好時，他心裡想的卻是別人的需求。若從心理學來看，這位朋友深諳人性，他知道自我的投射通常會表現在「討厭的事物」上，「討厭」通常是一個人本性的所在。原來，一位合格的聆聽者，只要不踩到對方的底線，就掌握良性回應的優勢，每次回話就能「多了解對方一點」。當對方願意給出正確訊息或細節時，回應與附和就更加精準。因此，最好的溝通不是你說得有多巧妙，而是讓對方處於放心說話的場域，不自覺卸下心防，願意對你坦白，甚至願意對你「傾吐心聲」。

因此，良性附和的關鍵是理解他人的情緒，建立談話的信任感與安全感，進而讓對方敞開心扉說話。記得《魔法公主》有句台詞特別動人：「不管你曾經被傷得有多深，總會有一個人的出現，讓你原諒之前生活對你所有的刁難。」良性附和者願意好好聽人說話，善意回應對方，累積溝通的情感存款之後，你說我和，來來回回，絕無冷場，同時，你也在對方心中成為溫暖「好聊」的心靈導師了。

試著不否定，找到溝通的同溫與共鳴

傳統華人家庭溝通模式常沿襲「恨鐵不成鋼」的思維，長輩習慣採用「愛之深，責之切」的溝通模式。明明是最親近的家人，卻常常刀子口，豆腐心，出現大量「否定式語言」，反而帶來負評與貶低感。例如：別人都考前三名，你到底有沒有在用功？別人年紀輕輕就拿到博士，你為何還一事無成？別人都做到總經理了，你怎麼還在領22 K呀！其實仔細探究語言中的細節，其出發點都出自於關心，但說出來的語句卻像是在挑剔、在嫌棄，甚至是全盤否定對方曾做過的努力。

所謂「良言一句三冬暖，惡語傷人六月寒」，當大腦意識到被他人言語或行為攻擊，就會興起覺得自己被冒犯，不被尊重的防衛機制，對說話者就會產生敵意。當我們聽到：「你不要」、「你不能」、「你不可以」等否定式語言，意味著溝通的期待產生落差。作家張忘形談到：「溝通要思考的就是期待落差。先把人放在心上，才更能把事做到位。」每個人都有自我保護的意識，當你被大人說到一無是處，不只會心生委屈或自信心崩盤，這類潑冷水式的溝通，更容易產生關係的緊張。其實，你可以改掉帶有批判、命令、質問、威脅的說話模式，改以鼓勵、同理、關懷、開放的肯定語氣，創造良好理性的溝通體驗。一如提出黃金三圈的賽門・西奈克（Simon Sinek）[1]說：大腦很難處理「否定句」的邏輯，例如：叫你不要緊張，你想到的畫面都是緊張的經驗！因而，在溝通時盡量使用肯定句替代否定句。例如：我不說：「你千萬不要在走廊奔跑！這樣十分危險！」而是以建議的方式說：「走廊較狹窄，走路要注意你與他人的距離，可以適時停下來讓別人先行。」我不說：「你要小心點，不要再出包了！」而是改說：「你是謹慎的人，我相信你一定會做得很好。」

1 英國作家，他的 TED 同名演講影片有近四千萬觀看人次，是史上前三大受歡迎的影片。

用「肯定式語言」，創造良性溝通借貸

多使用「肯定正面」詞取代「否定負面」詞，對方就能提升信心，表現也會更為積極進取。我認同溝通大師戴晨志說的：「人生就是善意的借貸」，當你真誠稱讚對方時，最後這份讚美也會回轉到你身上，正向表達像是溝通的「借貸」，借還之間，促發彼此感情更加深厚、融洽。就像我和學生的互動，很少出現「你上課不要玩手機」、「你不要和同學聊天」、「你不要缺交作業」這類的提醒，反而多以建議的肯定句去表達自己的期待：「在你們班上課的氛圍溫馨熱絡，笑聲不斷，互動超有默契的，果然就是天使班來著，無一處不美好。」言語帶有正反兩面的能量，若常使用否定的語言，溝通就會流於傲慢無禮的模式，久而久之，就會演變為「殺球式」溝通，不只讓人處於啞口無言、心灰意冷的情緒，否定式的用語更會使人心生不快，關係破裂，難以維繫。

說話確實是一門藝術，誠如曾國藩說的：「勸人不可指其過，須先美其長。

人喜則語言易入，怒則語言難入。」這句話說明了：沒有人喜歡被他人否定，溝通的時候，嚴守使用「肯定式語言」的溝通，就能先關照對方的情緒，以繞遠路的方式進行，即便想給他人建議，也不會因心直口快，讓他人無法「接話」，沒有台階可下。我們可以先練習讚美他人的優點，再提出自己客觀的想法，最後展現自己說話的用心良苦，對方就能接納你的看法。

降低心理摩擦力，冷漠的人也能變溫暖

母親曾擔任幼教老師，她教過許多高敏感的兒童，當然也包括我。這類的孩子很容易受到他人言語影響，進而懷疑自己，甚至產生「冒牌者症候群」[2]。

2 亦稱冒名頂替現象、騙子症候群，是一九七八年由臨床心理學家 Pauline R. Clance 和 Suzanne A. Imes 提出的一種現象，指一些成就高的人害怕被人否定，進而懷疑自己的能力，把自己的成功歸因於運氣、時機等外部原因。

母親善於肯定孩子的自我價值，在她循循的引導下，大多能正向思考進而解決問題。就像我學騎腳踏車時，她從未對我說：「妳要小心，不要太魯莽而摔倒了！」這類的負向用語。她總是溫柔地鼓勵我：「從小妳的平衡感就比其他人好，加上妳有腿長的優勢，騎起腳踏車一定會又穩又好的。」現在想想，我可以第一次騎腳踏車就上手，就是受惠於母親肯定式的語言表達，她正面指導我可以怎麼做，把正向訊息傳達到我的潛意識裡，讓我不怕挑戰，精準練習。

後來我在《心理摩擦力》讀到：心理摩擦力有一種是「反彈」，當人們「被要求」或「被強迫」作出改變時，內心會產生一股強烈的抗拒，甚至強烈抵制這個改變。否定式的語言，容易產生心理摩擦力，就像你要小孩不要吃糖，他們卻偏偏要吃的「搗蛋」行徑。因而，在同溫的對話氛圍中，容易讓對方卸下心防把話聽進去，找到互動的共鳴。

記得韓劇《非常律師禹英禑》有段情節讓我印象深刻：患有自閉症的女主英禑在成長的過程中，因為不擅言辭，社交力低，常遇到人際的挫折，當然也遭受許多人對她的言語霸凌。幸好，每當她溝通撞壁的時候，摯友秀妍多以肯定式用語安慰她，善意且同理英禑的表現，慢慢地也讓有如冰山之心的英禑漸漸融化了，找到與她溝通互動的頻率。有天，英禑在員工餐廳用餐時，有感而發地對秀妍說出這段話：「妳就像春天的陽光。在法學院時，妳都會告訴我教室位置、停課消息、考試範圍變動，還會努力阻止同學們嘲笑我、騙我、排擠我。剛剛妳還幫我打開瓶蓋，又說員工餐廳有海苔飯捲就會通知我，妳是很開朗、溫暖、善良又溫柔的人，所以妳是春日暖陽崔秀妍。」

當時，我被女主的真誠告白擊中心扉，原來，再冷漠的人受到了賞識，在期待語言的鼓勵下，也會成為善意與體貼的溝通者。言語可以是傷害與攻擊他人的利器，卻也可以是溫暖與照拂他人的燦陽。這段劇情讓我想起小時候，因為個子長得比同年紀的女生高，一位遠房親戚在年節團聚時指著我和弟弟比劃起來，不自覺說出：「豬毋肥，肥佇狗。」[3]當下我聽不懂這句話的意思，倒也

3 台語：用心飼養的豬養不肥，卻把不需要養肥的狗養肥了。比喻事情發展不符合自己的期許。

沒有什麼羞赧感，倒是阿嬤立刻站出來替我平反：「你做大人說話雖然『無歹意』，但是聽的人心裡可能會『無歡喜』。阮兜沒有重男輕女的觀念，每個小孩都是龍鳳之才，『無豬狗』之分。」每次過年，我都會憶起那時阿嬤說話的表情，她雖然沒有念過多少書，卻明曉溝通的藝術，她從不因為我們年紀小、輩分低，在溝通上就有什麼怠慢或隨便，就像曾國藩說的：行事不可任心，說話不可任口，說話是提供意見的途徑，只要謹慎用字遣詞，就能避免他人誤會和尷尬。

肯定與否定，決定好評與負評

脫不花《溝通的方法》提到：溝通的三大原則來自於開放性、目標感、建設性，不貶低他人的觀點，不否認他人的看法。肯定式的語言能擴大共識和消除盲點，讓對話繼續開展下去，創造溝通的雙贏空間。記得有次和好友去一家餐館消費，在點餐完後，朋友順口問了服務生一句：請問今日壽星在店裡用餐，有什麼特別的優惠嗎？尷尬的來了，服務生冷著臉對我們說：「如果，點餐單上沒有寫，就是沒有，這還需要問嗎？」當下，空氣突然「凝結」起來，大家面面相覷，這頓飯吃下來大家如坐針氈，彆扭極了。其實，他可以委婉一點，先祝賀壽星生日快樂，再表達願意幫我們詢問老闆是否有額外優惠，即便事後，答案是沒有，大家都會感謝他願意替我們詢問的熱情，未來就會多多光顧或給予店家正面好評。一句話可以鼓舞人心，也可以讓氣氛降到冰點。因而，肯定式用語可以讓聽者如沐春風，否定式用語則是屬於打臉不給面子的溝通模式。溝通的準則是讓對方輕鬆接受你傳達的訊息，溝通若抓準了說話愉快的核心，讓聽者留下好印象，不只能交換真正的看法，也能讓彼此關係變得更親近。若能恰如其分地提出客觀有用的建議，善用開放與積極性的肯定句，溝通就彷若心田流淌而過的汩汩活水。

英文諺語說過：「蓋一棟房子，要先從一塊塊磚頭疊起」。溝通也像在堆疊磚頭，善用「肯定句」表達就能打好溝通的地基，有機會一步步走進對方的內心世界，甚至交換真正的價值觀。同理可證，常用「否定句」溝通的人，好像在拆關係的磚頭，否定的詞彙，通常會讓聽者心生沮喪，甚至生起避之唯恐不及的心理。以下是五大肯定式語言的表達方式，大家可以試著練習看看：

溝通技巧一：把否定詞變成禮貌用語，以示肯定對方的說法。

NG說法：時間快來不及了，你走路可以**不要**慢吞吞的嗎？

正確說法：**十分感謝你願意配合我**，我們可以走快一點嗎？

禮貌用語會讓對方感覺被尊重，即便要求對方配合，因為使用禮貌用語，被尊重的感覺會讓人產生願意接受的意識。

溝通技巧二：表達盡量含蓄委婉，可用詢問句作緩衝，不作任何價值評斷。

NG說法：這件事你**又做錯**了，你也太冒冒失失了吧！

正確說法：不好意思，我**做出來的結果好像和你不太一樣**，你願意幫我再確認一下嗎？

把握溝通的重心在於關係的建立，而非對錯或價值的爭論。含蓄表達可以讓對方和自己的歧異點不致產生衝突感，同時，使用詢問句向對方作出讓步，也提醒對方能再次確認事實的真偽，提供對方再次思考的機會。

溝通技巧三：避免使用自我中心用語，主詞可從第一人稱改為第二人稱。

NG說法：我覺得這件事應該要這樣做。

正確說法：您覺得這件事應該要怎麼做好呢？

以對方為溝通的主角，並採用徵詢他人意見，回應多尊重對方的思考，達到善意溝通與理性交流的目的。

溝通技巧四：避免情緒用詞，多以同理角度應答。

NG說法：你怎麼突然**情緒失控**，你有病啊！

正確說法：沒事，你現在有情緒**我是可以理解**的。

當對方的表達趨向非理性時，我們不要急於批判或是指責。可用理解且接納對方情緒，配搭溫和的對答，讓對方暴衝的情緒能先被穩住。

溝通技巧五：暫停對立的觀點，順勢轉移話題。

NG說法：你總是這樣強勢地要求別人，你真的**很難相處**耶。

正確說法：**呀……**這個問題還真是無解，**你覺得之後我可以怎麼做會比較適當？**

利用緩和語氣把話題結束，或再另起一個話題，不落入針鋒相對的話題死胡同。另起爐灶的做法也可以讓彼此情緒趨於平緩，不至於落入相互「質問」的意氣之爭。

溝通是為了得到盟友，而非製造敵人

內向性格的我，在練習這五大溝通技巧後，不只在人際溝通與職場互動更順暢，也更容易精準地溝通。例如，有次，我和上司立場不同，立即有了內在覺察而跳出慣性思維。拉高平日思考的角度，再運用正向語言去溝通——「老闆，您的點子真的很有創意耶！我就先規劃看看，如果遇到困難，再向您討救兵，麻煩您再幫我解決困難，可以嗎？」我們要記得：溝通是為了得到盟友，而非製造敵人。當彼此想法不同，恰是溝通觀念的好時機，只要不急著反駁，說出否定式語言，將心比心，就容易找到對話的頻道。從否定到肯定，就能避免否定式語言帶來的對立或誤會，創造溝通的同溫共頻。每個人受到正向語言的肯定與支持後，必然會順勢理性地去突破或是解決問題，如此就能達到兩全其美的溝通態勢。溝通是為了維護彼此的良好關係，而非摧毀曾經建立的情誼。肯定式語言最重要的是覺察語言的舒適感，跳脫「言者無心，聽者有意」的表達泥淖，讓說話者的思路對焦，找到溝通的理性思維，以相互尊重與善意的交流，用肯定方程式溝通，就能創造更好的說話版本。

CHAPTER

2

精準提問

問對問題，木訥寡言也能變得滔滔不絕

奧美廣告創辦人大衛・奧格威（David Ogilvy）說過：「消費者是你的另一半，不要侮辱他的智商。」在我看來，提問者也要把對話者當成自己的另一半，你不能抱持著「為問而問」的敷衍心態，而是要問出一個好問題，讓對方秒懂你的提問，並在你有目的性、方向性的引導下，能自動自發地回答出好答案。因此，問對問題的第一步是留心你的「對象是誰」。如果，對方是沉默寡言的內向者，你問的問題，可先從可選擇的「封閉型問題」，按部就班地遞進到「開放型問題」。如果，對方是口若懸河的外向者，你問的問題，就要去框架、不設限，讓他能暢所欲言。因此，提問之前，若能掌握對方的性格，就容易設計出適合他／她的問題，避免內向者無話可說，外向者離題歪樓的窘狀。

管理大師彼得・杜拉克指出：「過去的領導者可能是一個知道如何解答問題的人，但未來的領導者必將是一個知道如何提問的人。」由此可知，一個能問出好問題的人，就能讓自己的工作力、提案力、人際力、品牌力，瞬間大幅提升。善於提問的人不單純只是無意識地問，他常扮演引導對方主動表達、自動回應的思考教練。他熟悉提問的鷹架，在問與答之間，流暢地整理對方的觀點，從「我和你」，談著談著，最後結論都會演繹出「我們」的共同觀點。好的問題能誘發對方在燒腦回答之後，給出高含金量的答案。這種對談的激盪，思考迸發的提問經驗，不只是找到真實答案的歷程，更是一場相互同理與尊重的應答歷程。

其實，好的問題具有三「簡」原則：一是問題簡單，不要給對方過大的問題，讓對方能掌握回答的準度；二是敘述簡潔，讓對方由小而大、具體明確地回應；三是態度簡樸，不預設任何看法，讓對方感受真誠的同理。

現在，我們來閱讀以下三個句子，請問，哪一個問題比較能促使自己快速回答：

1. **「你選擇職業的標準是什麼？」**
2. **「你認為：好的職業是可以一個人搞定，還是要和一群人一起打拚？其中的原因是什麼？」**
3. **「從你過去的經驗來說，你喜歡思考類型，執行類型，還是管理類型的工作呢？」**

同時具備了三箇原則的，只有第三個句子，這個問題能讓我們減少思考，快速回話。「選項問話法」會讓木訥寡言的內向者，學會打開心門說出自己的感受。同時，能讓回話者減緩緊張，聚焦在真實的感受。因此，你的提問能力反映在對方是否能夠迅速準確地回答。如果，你的問題讓對方常常語塞，無法好好回答，提問者可能要認真反思自己提問的精準度。

前陣子，我受邀參加一個訪談節目，看完題綱之後，我真心想尊稱主持人為：「提問領袖」。他的提綱像是一張思辨 party 的邀請函，透過提問，讓我能跟著他的問題被引導至深入詮釋觀點的思考區，同時，他也利用問題幫助我完整建構回答的邏輯系統，他不露痕跡地去除無關緊要的細節，利用問題替我開展多元的思考面向，建立更強大的邏輯思考網絡。訪談過程，他常用好奇的口吻詢問，啟發了我內心被賞識、被激勵的支持系統，他行雲流水的問答切換模式，讓我彷若置身在思考世界盡情玩樂的探索者，最後對談結束，我不只提升了思考的視野，更激盪出創新的視角。第一次覺得內向的我，也是善於說話的表達者。這次採訪的美好經驗也印證哲學家埃爾克・維斯（Elke Wiss）在《最強提問力》說過的：「一場好的交談，始於一個好的問題，一個好的問題代表了真誠的求知慾和好奇心。」提問既然如此重要，那麼，如何找到提問的真正力量，啟動深度的提問溝通力？

我們可以嘗試以下化繁為簡的三個操作原則，進行有效的提問。

1 定調問題核心

如果，我們能先走在對的路上，成功的機率就會提高。

當我們問閱讀推廣者這個問題：「如果要透過閱讀來提升閱讀影響力，並創造個人品牌，你會選擇哪三本書來推薦給讀者？」這個問題表面上聽起來不錯，對於閱讀推廣者而言也是很重要的議題，但是，這個問題要提供的訊息面向多元，做法複雜，再專業的閱推人可能也得要認真思考個一、兩分鐘。就像丹麥哲學家齊克果說：「表象如浮標，本質如魚鉤。」若我們只看到水面上的浮標，卻無法看透水面下的魚鉤，無論對方給出多好的答案，其實都背離問

題的本質。因此，你得仔細問自己：問對方這個問題，你最根本的「問題意識」到底是什麼？你是想問如何提升閱讀力？還是想問他創造個人品牌的方式？抑或是想了解經營閱讀個人品牌者最重要的三本書籍？如果，你沒有掌握好提問的關鍵定義與範疇，對方即便才思敏捷、舌粲蓮花也很難回答出真正的好答案。

2 把問題結構化

提問者問問題時，就像在剝一顆洋蔥，他必須明確地從結論開始，向下層層推演出大問題與小問題之間的階層性及關鍵性。你的核心問題若是「閱讀與個人品牌的關係」，那麼你可以把蒐集到的事實資料整理成提問內容，讓對方思考。提問者給出掌握核心問題的訊息，進行有次序與邏輯的提問，就能引導對方思考、推論出具思維準度的答案。例如，以「為什麼」開頭，讓他找出閱讀的意義與人生目標，當他回答出，閱讀可以用最少的錢投資自己；閱讀可以交到志同道合的朋友；閱讀可以讓自己不斷汲取新知，不會與世界脫節等答案時，你就接收到下個問題的提問金鑰。此時，你就運用對方給出的答案，利用「怎麼做」，具體化閱讀和對方的連結。最後，我們可以再用「做什麼」，讓抽象意義連結到具體作為，最後，完整地爬梳、整理出結構化的答案。

3 拆解式的提問

提出關鍵問題，確認核心概念，再持續利用拆解式提問，追問出對方創新思維。例如，當你詢問：為什麼閱讀和個人品牌息息相關？對方可能發散地回答五到十個答案。提問者再從答案中整理出三個概念主題，採取選擇式提問確認核心主題。例如，你認為閱讀不只能建立個人品牌，展現熱情與天賦，還有以下三個重要的價值：閱讀可以開創權威且專業的形象、建立知識型的人脈圈，讓輸入的價值複利化、獲取更多異業的關注與合作機會。你覺得：這三個觀點是你贊同的思考嗎？除了這三個答案，你還有想到其他面向嗎？多使用「問號」的提問，指引說話者傳遞真正想要表達的事實。最後，透過問題拆解鷹架，替對方發掘真正思考後的答案。

提問者提出一個又一個的好問題，讓對方在與你對談之中，透過拆解式的提問流程，不再給出制式的標準答案，而是運用自身的思考力找到最佳解答。善於提問的人，可以透過一個接續一個的好問題，讓對方產生「思考」與「回答」兩種力量的迸放。同時，能讓回答者走進未知的領域，在他循循的引導下，自動自發地給出更好的答案。這也是內向安靜的我第一次體會被開啟說話開關的感受，一個好的問題和高明的引導，能讓每一個人都能思緒奔放，表達流暢起來。一如戴爾・卡內基提到：「一個人的成功，只有百分之十五歸功於專業知識，百分之八十五要歸功於他的溝通技巧、領導及喚起他人熱情的能力。」

溝通無論是在工作部門的討論協商、課室教學的師生互動、讀書會的主持工作、親友的閒聊互動都實屬重要。對內向的我而言，如何「好好表達」一直是自己生命的坎，我在精準表達的旅程中，度過跌跌撞撞、不斷校準修正的歷程。歌手陳珊妮曾說過：「學會做好一切不喜歡的事情，才能讓你更喜歡自己正在做的每一件事。」一直到二〇二二年擔任金石堂第二屆的愛書大使工作，這個提問的奇幻之旅，成為我邁向精準表達的鍛鍊之旅。首先，我必須先去除社恐內向的標籤，清楚地把主持人的工作定位在綠葉功能的「提問者」。所以，我先訓練自己思考：我的提問是否能符合「對方的期待」。一如日本頂尖講師渡瀨謙提出的表達心法：與其「很會說話」，不如「容易對話」。

提問者要預作訪綱準備，以對方為重心，避免離題，導入「雙向溝通術」，直指問題的核心，順勢進行議題的擴展，提高彼此應答的效率。「雙向溝通術」就是提問三力，提問者要擁有敏銳的觀察力、精準的提問力、快速的歸納力。善用敏銳的觀察力，就能做好問答的細膩補位，發揮綠葉提問的功效，讓對方的表達如紅花般燦開；善用精準的提問力，就能做好問題的聚焦定錨，讓對方的思考線不要偏離主題，樂於分享內心的小劇場；善用快速的歸納力，就能做好快速總結的溫馨收尾，反饋個人相似的經驗，讓彼此能從中得到理想答案。提問建立對答的拋接補位，讓話題往正確的方向前進，發揮思考的意義，並能促使彼此發展出盟友關係，展開後續的實踐行動！數學家喬治・康托爾曾說：「好問題的價值，應該視為超過答案的價值。」回顧為期半年愛書大使訪談工作最大的收穫是，我跟有些作家因為訪談，不但建立爾後的合作關係，還有相濡以沫的革命情感。因而，根據過往美好的提問經驗，我也設計出自己的「提問三部曲」。

第一階段我設定的提問公式為：「過去式＋開放＋輕鬆聊」。剛開始，我會運用真誠的口氣，以掀開回憶殺的「往事」哏來進行關係破冰。採訪前，我會認真地收集作家們過去曾經做過獨特又豐碩的實績，抑或是他／她說過的、引起眾人瘋傳的金句，以此作為提問前的暖場鋪墊，給予對方真心的讚美，同時，不預設地讓他／她盡情地聊，活絡提問氣氛，作為暖身過場，化解陌生關係的生澀感，也讓接續的對話與訪談能較為順暢。提問要聚焦在「你了解他過去做的事」，也要注意避免過譽推捧的說詞，才能建立互信的對話基石。

第二階段，我都會先「以自問自答」的方式進行事前模擬。從自己的回答反推問題是否具備「精準提問」的原則：我為什麼要問對方這個問題？這個問題為何重要到非問不可？問題核心是否有像網絡圖，不斷往下延伸，進而擴展出幾個聚焦核心的子題。通常，我也樂於把問題包裝成別人願意回答的彩蛋，少問對方「為什麼」，為什麼帶有質問、懷疑、究責的暗示，多問你是「如何○○」，如何做的詢問方式，也帶有肯定、探問、學習的關係連結。

第三階段，就要認真試寫提問大綱。運用提問的思維圖，讓問題的階層由上而下簡單明瞭，只要邏輯清晰，就容易掌握各階層的關係，例如樹枝圖、5W1H圖，都是簡易好上手的提問思維圖。在提問單的自我訓練之後，我好像在爬提問的樓梯似的，一階一階地拾級而上，讓我以終為始往問題的目標奔赴，也容易準確地進行問與答。

提問是建立彼此溝通信任感的燃煤，當彼此透過問題的交流建立足夠的認同，就能營造正向提問的氛圍。愛因斯坦說：「如果我有一小時能拯救世界，我會花五十五分鐘想問題，最後再用剩餘的五分鐘想解答吧。」由此可知「提問」的重要，善用「提問」技巧就能帶給雙方良好的影響。一位優質的提問者善於掌握「什麼樣的關係，問什麼樣的問題」，問對問題，不只可以讓對方安心舒服地回答，也能消弭因為不熟悉而產生的敏感侷促。當你與對方建立良好的提問互動，不詢問過於敏感的問題，多聚焦在對方過去擅長的、長期關注的議題，即便對方是內向者，讓他聽到「眼中有光、心中有火」的問題，都能瞬間表達魂上身，不只侃侃而談、辯才無礙，還能給你意想不到的絕妙答案。

問題傳接球，如何找到別人的興趣點？

你是否也曾有這樣不愉快的對話經驗：「你今年幾歲？年薪多少？有沒有買車買房？」我想，一般人遇到這類的話題應該會不想回答。但，如果對方真誠地問我們：「最近你在追什麼劇？聽什麼音樂？」這應該是一般人都會願意聊聊的話題，以興趣、休閒當作提問的哏，是有效的溝通敲門磚，畢竟那是每個人都不會討厭的聊天熱點，若是說著說著，猛然發現，對方和你是同一個世界的人，不只談話的興致來了，連下次再約的「人際名片」都不自覺地開始交換起來了呢！這就像是一個人孤獨地在旅途中行走，遇見可以一起賞花聊天、瀏覽人生風景的旅伴，這不是一種命定的邂逅嗎？

提問像打乒乓球，必須你打過來，我打過去。如何做好「話語的拋接球」

的提問？向初次見面的人提問，你可以先開啟觀察的天線，先接收對方感興趣的資訊，畢竟，興趣通常是最能引起接話共鳴的，更能引領出對方「不自覺想開口」的表達動機。人對於自己有興趣的事物都會願意接續搭話，它像是燃起表達焰火的柴薪，更能引發他人說話的渴望。以興趣為提問，可以讓你們的溝通事半功倍，對方給你的興趣話題越多，你能提問的面向就會變多，甚至俯拾皆是。因此，對一個喜歡釣魚的人，你應該和他閒聊釣魚相關的話題，而不能問他：你喜歡吃草莓蛋糕嗎？若是興趣話題偏移，就容易淪為你說你的，他分享他的，無法聚焦在同一個興趣方塊。

你可以試著使用興趣哏提問的「小積步」法則，掌握對方有興趣的話題，容易讓你定錨提問目標，也讓對方的回話像堆樂高一樣，可以一層層向上疊，對話越久，你們激盪而出的內容也會越來越深入。

你不用口才練達，但要找到對方想聊的點

記得，有一次，我和作家張西進行主題對談，我們談的是「喜歡與被喜歡的勇氣」。因為事前我讀過張西的作品《把你的名字曬一曬》、《你走慢了我的時間》，接著，我整理一下她對感情的看法傾向：「人生就該活成煙火，再短暫都得夠絢爛！」張西曾以文字回顧過往的幾段感情，我有讀出她極為珍惜的溫柔之心，無論愛情的結果如何，我們在這些經歷的淬煉下，彷彿也越來越能承受繁複的人生重量。因而，開場時，我談了自己學生剛經歷的告白經驗。一位小女生告白之後，這位小男生委婉地對她說：「抱歉，我心裡已經住著一個人了。」那單純的女孩告訴他：「謝謝你的答案，原來，愛情沒有理由、好壞。它就是誰先來，誰後到的抉擇。這次我遲到了，下次我會提前卡位。」我知道：張西喜歡聽故事，所以，事前先擬好這個讓我感動不已的告白故事。張西真誠地告訴我：女孩的故事讓她泫然欲泣，她的遭遇太觸動人心了。她旋即也分享

了一個自己的故事給我，並作出細膩的結論：「我很晚才意識到自我價值不一定要建立在愛情上。小時候，遇過男生喜歡我，但不知道怎麼拒絕，就這樣莫名的傷害了他。如果能早點聽到這個故事就好了，我覺得被討厭的勇氣和被喜歡的勇氣同樣重要。」

後來，我們針對戀愛一問一答：「喜歡」是停留在心動階段，但「愛一個人」卻會讓內心完全破碎，要能夠不帶著任何成見與期待，才可以更強韌的接受對方所有。最後張西還給出了一個很哲學的結論：長大後的戀愛其實是學習責任的開始，因而，年輕的時候若能享受草莓蛋糕般的純粹戀愛，是很幸福的。

那次的訪談讓我印象深刻，整個過程中幾乎沒有冷場和間斷的時刻，原來，溝通不見得要口才練達、口若懸河，只要把問題定位在讓對方有興趣、想關注的地方，就可以引起對方說話的熱情，進而觸動彼此內心柔軟的一隅，就能順暢地聊下去。其實要和陌生作家談愛情觀對我來說真的是滿困難的事。但我相信，每個人都有過特別渴望愛情、又害怕失去的經驗，這些獨特的際遇或故事容易激發對方的共感，跟興趣結合的話題，又能更深刻且深入的闡釋，一如這場訪談就把張西如花季燦爛的陽光形象烙印在我的心版上，這就是勇敢追愛的張西！

借助飛輪效應，進行深度提問

根據和張西的對話經驗，我再搭配柯林斯[4]《從 A 到 A⁺》提到的飛輪效應（Flywheel Effect），讓對方說話的飛輪停不下來，談話的深度與速度還會持續累增，帶來的人際紅利，比你預期的結果更讓你滿意。後來，我習慣用「興趣提問」作為每次溝通的起手式。舉例來說，當我知道對方也喜歡閱讀，也看到他在臉書分享自己正在閱讀的書籍，我就會以這本書當作對話的破冰話題，然後搭配飛輪效應的三大步驟來進行提問：

1. **遵守「刺蝟法則」**（Hedgehog Principle），**把提問的軸心對準對方的興趣。**例如：「最近，你也在看《有錢人的書櫃總有一本心理學書》嗎？」讓對方感覺：你好像會讀心術，知道他的喜歡，明白他的討厭，你們是走在同一條路上，有共同興趣的夥伴，而且有機會往同一個方向攜手邁進。

2. **以興趣提問，進行小問題的切割，累積對話的好感度。**例如：「書中有提到有錢人和窮人的心態不同，你覺得如何呢？」最後再從書中的案例談到對方的致富心態，讓對方在感興趣的範疇不斷回話給你，讓交談進入流暢的對話心流。

3. **透過不斷的問題傳接球，建立人際的信任感。**例如：「講到致富，我最近有做一些投資回報還不錯喔！」從書中的案例，延伸到自己最近的生活，進一步提升話題的深度。

4 詹姆．柯林斯（Jim Collins）當代企管大師，史丹佛大學企管研究所教授。

如同「飛輪效應」，一開始要讓巨輪轉動得花很多力氣，轉動速度也非常緩慢，表達也是一樣，一開始，沒有情誼的兩個人確實很難聊下去。提問的初始，你得費點時間和力氣蒐集對方的興趣鏈，不斷透過對方有興趣的主題，有步驟的持續提問，才能讓對方沒有戒心的一直聊下去，同時降低大腦的反抗。即便你是個比較安靜的人，興趣提問就好像人際的燃料，當對話的動能和重量讓話題開始啟動，談話的輪子就會自行運轉，你就能掌握興趣提問帶來的人際紅利。

只要你足夠重視對方，對方也會回饋你

除了事先做好資料蒐集，讓你可以更了解對方的興趣，你也可以透過這四個做法，找到提問的理想切入點，讓對方更願意打開話匣子和我們真誠的溝通。

1. **從他身上佩戴的物件開始觀察興趣**：例如，手上戴的手錶、飾品、身上圍的領巾、打的領帶等，這些看似低調的小物件，常常透露一個人的生活品味和購物習慣。所以，我在訪談前，也會仔細觀察對方穿著、配搭，再從普遍經驗去推論：對方是否喜歡什麼、在乎什麼，這些外表透露的些微線索，得靠你像柯南、金田一似的敏銳度，快速且縝密地去蒐集這些蛛絲馬跡，推敲出對方的興趣，當作提問的方向。

2. **從對方的回答去歸納興趣**：例如，他告訴你最近買了一套健身課程。你就知道，他關注健康和體態相關的主題，同時，他對儀表的在乎程度會比其他人更大。你就可以從這裡出發去設計問題。

3. **從他的職業或長處去歸納興趣**：一個人的工作，會是他一天投注最多心力的地方，也會是他人生觀、價值觀的來源，他的工作可能多少會和興趣有關，即便無關，也與他的生活密切相關，你可以有意識地開展問題，引導對方不自覺地分享生活的興趣，就能讓他有講不完的話題。

4. **蒐集一般人共通好聊的興趣哏**：對方喜歡做的事、放鬆的休閒是什麼，理財健康、時間規劃、身心平衡等，都會和他的興趣有關，你能依照對方不同的性格與成長歷程，利用「知己知彼，百戰百勝」的策略，讓兩人對話拋接順暢，甚至，讓對方不自覺說出自己真正的內心話。

美國哲學家杜威（John Dewey）說：人類本質裡最大的驅動力就是「希望具有重要性」。當他的話題被你肯定與重視，甚至成為彼此對話的談資，對方也會被激發表達的熱忱，知無不言，言無不盡。讓對方娓娓道來的秘訣，就是圍繞他的興趣去發展。但要記得你的所有問題，不能出現讓對方感覺你帶有批評、責備、抱怨的暗示。

曾經，有位喜歡打遊戲的學生對我說：「從小，我就喜歡玩『傳說對決』，除打電動，其他的事我都提不起勁。」通常，激進一點的師長、父母，他們開口的第一句話可能會是：「你不去念書，人生就沒希望了，打『傳說』會讓你玩物喪志！」溫和一點的大人，多半是保持沉默，讓說話者有興趣的話題突然終結。其實，孩子會說出自己的興趣，某種程度是希望被認同，抑或是能找到可以聊興趣的對象。此刻，你可以選擇不潑他冷水。

以美國總統林肯在年輕氣盛時的例子來說。林肯曾發表一篇匿名文章，大力的諷刺他的政敵，結果，引來對方下 PK 戰帖，問題拋接失誤就搞到彼此劍拔弩張，差點大動干戈。一位善於提問的人，大可以這樣說：「哦！我聽說好多學生都在玩『傳說對決』耶，這個遊戲最吸引人的地方在哪裡？你可以多說說嗎？」或是回：「是哦！除了『傳說對決』，你還喜歡打哪些線上遊戲？」

等到他一一解說清楚的時候，你就可以接續說：「很多成功的人也都很會打電動喔！他們都善於切換工作和興趣頻道，讓自己工作的時候很投入，完成率百分百，同樣地，對於他所喜歡的、有興趣的事，也都會保持在高專注。所以，若你用上打電動的專注，你的課業表現或人際關係，一定可以很成功喔！同時，我也注意到你打手遊時，會不斷精進衝排位，這其實都是你不斷進步的內在動力，若是用在你擅長的其他地方，會收穫很大的成就感喔！」

你只要確保自己的提問都圍繞在對方感興趣的主題上，以對方為尊，你們的對話一定會十分愉悅且充滿收穫的。

記得，有次訪談台灣千里步道協會副執行長徐銘謙，他靦腆又寡言，確實很需要一個興趣哏提問來鋪墊。我的第一個提問是：銘謙，你做步道的熱情是起始於什麼機緣？原本看似冷靜的他，聽到這個問題，語氣突然高亢起來，他說：「年輕的時候，我常開四輪傳動車到山林遊玩，因為喜歡沐浴在自然的氛圍裡。但二〇〇二年的一則汽車廣告，卻讓我震懾許久且內疚不已。原來，四輪傳動車闖入山林馳騁的畫面看起來很帥氣，但，它這一闖會傷害多少山林動植物啊，對於環境永續的破壞更是極其嚴重的，因此我開始思考：人類親近山林是因為喜歡自然，但是為何我們親近山林的方式卻是粗暴的？我們自以為走進自然，其實是傷害自然。」

聽完這段話，我也陷入很沉靜的自省。他又接續著說：「步道是人類親近自然的路徑，但步道的搭建卻會對自然造成傷害，過多的步道會讓人類過度踩踏，植被就無法生長，同時，樹木也會因為無法深根而倒塌壞死。手作就是以最貼近自然的工法去修築步道，我們採因地制宜、就地取材，減少人為痕跡對環境的損害。『刷青苔救古道』、『牽手無礙親近自然』等做法，讓手作的步道達到人文又永續的原則。只要多了解土地，每一個步履就能走得更踏實且恆久。」

這段訪談，我說的話極少，大多是在確定自己的問題，是否能讓他的專業有機會完整的陳述？我在乎的是：每個人是否記住手作步道的信念與對環境帶來的好處。我運用的方式就是認真聆聽，再提出對方願意多談的、有興趣的話題，一如卡內基說的：「通往別人內心的平坦大道，就是談論他們最感興趣的事。」同時我也體會到：當他人在論及自己的興趣或理念時，傾聽者若能保持內心的謙遜，抱持向他人學習的提問初心，我們就有機會，從對方的興趣到發掘他的優點，順勢走進話題的熱區。一個人在傳遞獨特的信念或喜歡的事物時，專注認真的模樣就是一個閃閃燦亮的發光體，此刻，也是提問者問對問題且最有成就感的時刻吧！就像韓國國民主持人劉在錫說的：「一句話在嘴上只停留三十秒，但在某個人的心中，卻可以保存三十年。雖然只是一句話，卻足以改變一個人的人生。」就讓我們從對方的興趣開始聊起，不只是邁向溝通的第一步，也通往改變人生的下一步！

提問的煞車皮：什麼問題不該問？

「表達」主要目的是增進彼此理解而說的，因此，說話「貴在精，不在多」，想說對話，也包含掌握提問的「煞車皮」，我們善於把注意力與時間留給說話的人，懂得何時我們該停下來，不能再說下去。就像這句話說：「最好的風景，是跟你一起看的風景。」表達也必須把專注力放在對方身上，才能避免問錯問題的狼狽感。但，即便是擅長溝通的人，也一定有經歷過「說錯話」的尷尬時刻，如何避免或是化解呢？

首先，提問的煞車皮一定要「安檢」好，事先記得做好「避雷」的功課，問答之間務必拿捏好提問的分寸，就像《中庸》所言：「凡事豫則立，不豫則廢。」千萬不要在氣氛熱絡時，因為問錯問題而落入樂極生悲的僵局，更不要在關係不明時，問錯問題而產生難解的誤會。韓劇《我們的藍調時光》的浩息說：「你以為養孩子很容易嗎？我為了養你吃了一卡車的頭痛藥，我背著你流的眼淚就跟那片大海一樣多。」敏感的孩子聽完，內心或許會產生許多不安與糾結，更無法坦誠地和家人表明自己內心的情感，這句話產生的芥蒂可能需要時間的稀釋，才有機會再回到平衡的關係。

與人溝通，常常像是放大檢視我內心同理與尊重的每個細節，仔細回想過往的溝通經驗，我也曾因問錯問題而留下不少遺憾和失落。例如，在兵荒馬亂的青春時代，即便知道每段相遇都是美麗的奇遇，卻常輸給自己高傲的溝通姿態，無法溫柔迎向他人的善意，每個人帶著不同的 DNA 來到這世界走一遭，即便是心有靈犀，最後其實都輸給彼此的自尊心。每段關係如同行旅在一條闃暗的隧道，唯有雙向奔赴，有效溝通，才有機會抵達有光的幸福。

避開四大提問禁區，創造溝通的雙贏

若要說問錯問題，又不懂緊急讓言語「煞車」，最後因溝通不良，反目成仇的著名事件，就屬「施鄭不婚」的故事最為經典。明末清初，施琅原是鄭成功的第一戰將，也是強力的左右手，兩人有志於反清復明的大業。軍事奇才施琅的情緒常常暴衝，鄭成功也是強勢和霸氣的領導，兩人都在互踩彼此溝通的底線。讓兩人關係整個炸裂的關鍵點是，施琅不聽鄭成功的勸說，還用私刑斬了鄭成功的隨扈曾德。這個藐視上級的舉動，讓鄭成功對他失去耐性。壓倒施琅的一句話是：「人殺了就是殺了，你想要我怎麼辦？」問錯話，表錯情，深厚的情誼瞬間消磨，讓彼此都回不去了。對鄭成功而言，曾德和你的恩怨我先不管對錯，你不聽勸，恣意開殺，你眼中有我這個 CEO 嗎？你可以放低姿態求我，但不可以高姿態威脅我。其實，職場就是人性的試煉場，人我關係從來就不是簡單的談關係就能處理的。當然最後的結局讓人十分傷心，鄭成功下令把施琅滿門抄斬，與之徹底決裂。施琅不只憤而降清，並轉向幫助清廷打下鄭成功的後裔。這後來也成了施、鄭姓不通婚的家族禁忌。

如果，我能穿越時空，我會想教教施琅提問的藝術，要他知道什麼可說，什麼要閉口不能說，若能同理鄭成功的心理，先按捺住自己的脾氣，給彼此一點空間，讓老闆有自省思考的機會，兩人的關係是不是不至於那麼一觸即發，甚至能有所解套而緩和呢？

人在江湖走，都要學會「煞車」的說話技巧，兩位聰明又有魅力的男人原是強強鏈結，甚至有機會改寫台灣歷史的大局。以古為鑑，我們若是能避開以下四個提問禁區，就能創造溝通的雙贏：

一、避免個人主觀價值轉移的提問：尊重是溝通的基礎，在溝通時，最常犯的錯是「自以為是」，我們總以為對方**應該要**同意你的論點或是想法。例如：

我覺得每個有品味的人都會喜歡村上春樹的小說，你讀過他哪些作品？（×）

你覺得一般人都喜歡村上春樹的小說嗎？你對他的作品評價是什麼？（○）

提問的技巧，是盡量不要使用「我認為」、「我覺得」，你可「反主為客」，以尊重對方的意見、價值觀、感受為提問。多採用「你認為」、「你覺得」，這樣不只可以更理解對方的思考，也不會造成對方內心的反感。畢竟，透過詢問的口吻，才能保有溝通的彈性，只要尊重，就不會引起衝突，可以避免進行價值的直球對決。

二、避免使用情緒字眼的提問：提問本身是具有建設性和洞察力的，情緒性字眼通常有挑釁、貶低或攻擊性，過於直率的提問，常是溝通的誤區。例如：

你**到底有沒有在聽**，每次和你溝通，你的態度**都很敷衍**。（×）

你在忙嗎？如果現在問你問題，會不會打擾到你的時間？（○）

良性的溝通，需要順暢的討論渠道，宜客觀考慮各種狀況，不用裹挾情緒詞，建議多使用中性的用語，多給對方思考的空間，讓對方感受被尊重，避免落入「欲速則不達」的後果。

三、避免觸及私領域的提問：無論彼此關係多親密，每個人都有一個不能隨意打開的潘朵拉盒子，例如，家庭關係、健康、薪資等私人話題，基於人我尊重，不適宜窺探或詢問。例如：

你和老闆的關係很好吧？你們有**吵過架**嗎？（×）

你願意分享一些和主管群有效溝通的秘訣嗎？（○）

無論是公開的工作還是私下的生活，沒有人想要隨意赤裸地坦露，尤其是涉及對方不能說的心事抑或是不愉快的往事，都是要格外注意的提問「邊際」。有些人自認古道熱腸，常常是無禮冒犯。只要對方覺得不舒服，就要急踩提問的煞車。

四、避免逾越關係的提問：提問請確實作好人我的分際，注意互動的禮節。如果是對上司詢問，要給予彈性、選項式的提問。如果是對下屬詢問，要明確表達立場和標準，讓對方容易執行。例如：

對上司－老闆，這個方案我想「〇〇」處理，不知你能同意嗎？（×）

這裡有三個方案，不知老闆您覺得哪一個方案會比較好呢？（〇）

對下屬－這個方案你需要多少時間才能完成呢？（×）

這次的**文案**就交給你了，下週一下班前，你可以完成嗎？（○）

在過去的工作經驗中，我學到和上級溝通，不能私自越級，提問要簡潔明確，尊重上級的決定，接受上級的回饋和建議。和下屬溝通，要營造信任氛圍，建立分工關係，達到有效地溝通，精準確認工作任務與細節。

提問就像精準駕駛，你要根據路況，避開滯礙的區段，也就是「問題雷區」。溝通者必須「敏銳」地覺察對方對言語解讀的慣性思維。例如，你原本要誇獎對方天真無邪，卻不小心用了「傻白甜」作為形容詞。你說出口時的價值判讀可能是褒義，但對方卻露出赧色，以為「傻」字是影射他做事不夠專業俐落，帶有否定和貶義。此時，你必須在第一時間誠懇地道歉，立刻修正前述說法，立即溝通，才能避免對方鑽牛角尖。當你錯把焦點放在「個人」的評價，就會無法繼續與對方在同頻的語言世界裡進行善意溝通。

良好的提問，並非帶著刀子或鉤子在說話

過去，我有位私交不錯的朋友，每次說話都過於口無遮攔、毫無顧忌，常挑戰他人的情緒底線，最後不是讓別人感受不舒服，就是激怒對方，讓好感度頓失。我們不能將錯誤的溝通方式歸因於「說者無心、聽者有意」，而是要更認真地反思：每個提問的底層邏輯為何？為什麼一句話會擊潰他人情緒？如果，言語不能達到溝通與善意，甚至讓對方感到不安、痛苦、悲傷，感覺到不被接納、不被愛，甚至毫無價值。提問者必須要立刻察覺、巧妙地切換話題，甚至及時踩下話題煞車，讓關係不至於越溝通越惡劣。

每個人都不可能是一座孤島，溝通雖不是要處處討人喜歡，但至少調整到同頻共振的對話立場。當然，人我的溝通原本就會有許多難測、難防的說話地雷，良好的提問模式，是讓對方理解問題的核心，而非帶著刀子或鉤子在說話，前者有攻擊性，容易形成對峙，使人憤怒；後者是戳中或揭露對方的痛處和隱

私，兩者都是不友善的問法。每當人的自我保護意識出現，說話的口氣必然是冷淡、疏遠、強硬的。健康的溝通模式，要有警覺地適時踩煞車，讓彼此情緒形成共感、同理、尊重的強連結。你知道有些話是不該問的，除非他願意向你自我坦露私密的心靈領域。提問煞車考驗提問者的智慧與機智，同時，若能從過去錯誤的提問經驗記取教訓，並從中尋找解決之道，就能積極修復關係，重建良好的溝通管道。

記得曾參加過一個聚會，主持人突然要某位作家自曝情事，想當然耳，現場粉絲情緒當然很激動，整場氣氛更是喧囂翻騰到極點。但我發現：那位作家蹙著眉，露出支吾為難的神色。如果，主持人善於察言觀色，這時候應該立即轉換話題。沒想到，在粉絲的鼓譟下，他冷不防地閒聊起自己的觀察和推論，瞬間那位作家面色凝重、無語極了。當然，我的心情也瞬間低落起來，好像是陷人於不義的集體共犯，痛苦萬分地度過這場本該歡愉的簽書會。

這場震懾內心許久的簽書會，也讓我深刻體認到：在開口說話之前，必須先確保自己了解對方的觀點、價值觀和內在情緒，同時，提問者不該僭越自己的身分，要顧及當事者感受與態度，不能以「直言」當保護傘，失去提問的智慧、人品、格調。同時，要謹守明確的提問範圍，掌握對方的提問尺度。尤其，對談場合是公開的，對方又是高敏感內向性格者，我們在提問時，更需要把這些條件都納入全盤的考量。基於這些經驗，我後來在每次公開場合有機會進行提問時，都會事先做足功課，利用Ｔ型圖幫自己整理話題紅綠燈，綠燈區的主題，就是可以自由提問；紅燈區的主題，是絕對不能涉問的雷區。掌握紅綠燈的提問「眉角」，就能避免一時「錯問」，導致關係破裂的悲劇。

你不只要看準時機說話，也要能淡定地閉口不談

韓劇《低谷醫生》提到：「在絕望的處境中，總會吹來一陣微風。」有時

候，溝通的衝突點若非出於自己，而是對方的理智線斷裂了，或情緒失控，提問者的理性思考、冷靜判斷，就是提問的煞車。這有點像是行到水窮處，坐看雲起時的心境，提問的煞車也得拉住自己的情緒，你可以暫停說話，離開現場，中斷情緒的來源，讓彼此都冷靜下來，所謂一個巴掌拍不響，清理情緒的空間，無須據理力爭，扮演起提問的檢察官，爭個是非對錯，甚至要對方認錯，這都會再次引爆對方情緒的地雷，加劇彼此關係的惡化。

說話是一門藝術，因為有過溝通的遺憾經驗，更讓我明白：說話雖不用句句攫心，但至少不要引人反感，自踩提問地雷。聊天不是比誰的說話術高明，誰就能贏得真摯的情誼。有時候，說話考驗著我們的情商，你不只要看準時機說話，也要淡定地閉口不談。懂得透過他人回話的訊息，以換位思考的心態同理對方真實的感受或想法，就能減少之後問錯問題的機率。

溝通當然都有判斷的誤區，若能真誠地認錯，立刻修正自己的說法，錯誤的提問其實也讓我們更確認人我溝通的「溫氏圖」區，找回溝通的熱區。所謂

「馬有失蹄，人有失足」，說話亦然。我很喜歡韓劇《淚之女王》說的：「愛情不是甜言蜜語，而是一起忍受。」溝通也是如此，表達的時候，若你看的都是自己，就無法感受對方對語言的承受度。「提問的煞車」在我看來，是透過看著對方說話的心意，在問與答之間，累積共識與默契，因為在乎對方的感受，讓彼此能自在共頻，互感話語下的真實情緒，而讓我們掌握到提問煞車的經驗與智慧。

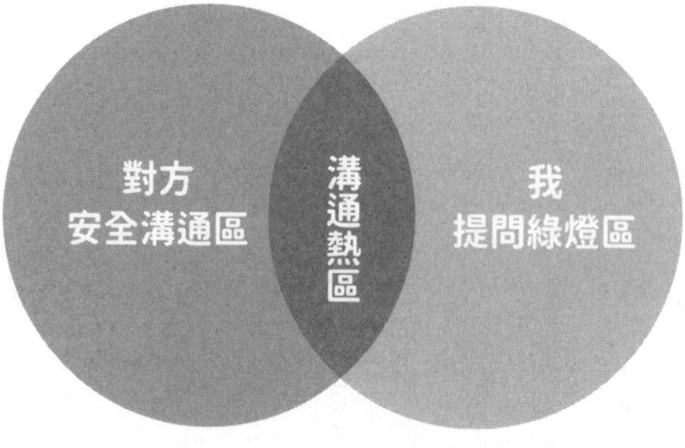

利用溫氏圖統整兩者的提問熱區

一流的人，樂意向他人「請教」

無論是成就非凡的智者或各領域的菁英，都有樂於移樽就教的特質。身處AI時代，向他人學習，不只能開闊視野、增長見聞，更是衝出重圍、贏得勝局的關鍵。就像微軟創辦人比爾・蓋茲開設Podcast節目「蓋茲解惑」（Unconfuse Me with Bill Gates）的初衷：過去，只要面臨無法解決的問題，我們都會去找聰明的人交談，這樣可以很快速地幫助自己理解某個不熟悉的領域，找到真正全觀的答案。比爾・蓋茲的新節目是透過專家、強者來為聽眾提供對某些議題的多方看法，同時也提供聽者工作或生活的解方。股神華倫・巴菲特和比爾・蓋茲是無話不談的莫逆之交，有次巴菲特對比爾・蓋茲說：「我完全不了解人工智慧（AI）領域，怎麼辦？」比爾・蓋茲面對大前輩的問題，立刻教會巴菲特用聊天機器人 ChatGPT 寫了一首浪漫的西班牙歌謠。巴菲特忍不住說：「ChatGPT 為大家節省的時間量是很驚人的。但，我確實不知道它是否對我真的有益？」我們從兩人的對談，就可以看出「他山之石，可以為錯；他山之石，可以攻玉」的請教能量，向他人請教不只是解人生之惑，更是打造人脈紅利的方式。

那如何提出問題，對方才會樂於回答我們問題呢？哈佛商學院企業管理講座教授桑尼爾・古普塔（Suneel Gupta）提出的說法是：「這些提問者都擁有讓人想相挺（backable）的特性。」他們提出的問題往往能擊中對方的「回答慾望」，讓人不自覺地想分享自己的觀點和經驗。這也是我們常說的：某某某特別有貴人緣、上司緣，強者都願意拉他一把，他真是好運呀！但，這些強者身邊的紅人真的只是機緣特好嗎？當對方給你一個提問的舞台，你也能掌握箇中訣竅，不只能得到真正的答案，也能提高對方對你的好感度嗎？雖然說，多方請教是最強的學習術，但你又該如何做才能贏得強者關愛的眼神，並獲得談資紅利呢？

只要向他人提問，就能找到人生的方向

歷史上，最懂得用「請教」為自己解惑，同時建立自己的人脈與社會地位的就屬白居易了。白居易跟元稹當時是推動新樂府詩運動的文壇主力，白居易專打詩歌「老嫗能解」的詩歌新路線，他把新樂府詩帶到民間，變成了全民運動，憑藉虛心求教的人設，不斷地向老幼婦孺、平民百姓「提問」、「就教」，除了讓詩作博得「淺顯易懂」的聲量，也成為社會向上提升的力量。白居易認為詩歌無須曲高和寡，上至讀書人、上流社會的文學圈，下至平民百姓、和尚、寡婦，甚至是所有的女性，都能接觸，同時優游詩文所感、有所悟：「凡鄉校、佛寺、逆旅、行舟之中，往往有題僕詩者。士庶、僧徒、孀婦、處女之口，每每有詠僕詩者」。白居易的詩歌之所以能不斷被庶民階級傳唱、推播，除了崇高的詩歌改革理想感動人心，他也運用「魚幫水、水幫魚」的庶民力量，事半功倍地將中唐的文學改革推向高峰，創造詩歌的新局。

全美國最好的老師雷夫・艾斯奎（Rafe Esquith），他在洛杉磯一所公立小學的「第56號教室」創造教育的奇蹟，他透過每堂課的提問，讓孩子理解，學習和生命的關聯，提醒孩子上學的理由。他對經濟弱勢學生的關懷不是同情，而是讓他們透過老師問題的啟發，以善意語言的力量和團隊合作的樂趣，提升他們的學習動機，由此可知，只要老師常常問孩子好問題，就能讓學生學會如何聰明的花錢，還有如何「延遲享樂」。

雷夫・艾斯奎讓學生知道：只要向他人提問交流，就能找到人生的方向，也能激發學生求知若渴的熱情，這有助於師生提問的默契。那麼，一流人的請教術應具備哪四個方針呢？

一、提問的資訊簡潔清楚：當你越簡潔清晰地把問題所有的資訊一次打包，就能讓對方明白問題背後的「硬資訊」，讓他能夠精準地給予你正確的答案。

二、用字、語氣的合宜禮儀：向人請教，問題的設定要具備專業性，口氣要積極可信，表達誠意，聆聽時要全神貫注，給予回饋。

三、讓對方留下提問的良好印象：首先讓對方了解你是誰，若條件合適，盡量以「老師、專家」的頭銜詢問，彰顯對方的權威地位。在提問中適時地追問，能鞏固互動關係。

四、選擇恰當的時間：向人請教要評估場合，對方的心情等，並精算提問的時間，不要過於簡短或冗長。

一流的人都善於請教，因為他們提問的過程，就是歷經教學相長的體驗，他們不只能問出精闢的問題，在請教的過程更多能融會貫通、觸類旁通，呈現高昂的學習信念，藉此引出對方願意傾囊相授的情緒。事後，貼心地請教者還會適時表達感謝，回報自己執行的成果，讓回答方感受到提問者的真心，有助營造未來持續請教的機會。

高成就人士持續成長的關鍵

我們都知道：「聖人無常師」以及「三人行，則必有我師」的道理，古今中外也常有優秀之人樂於向人請教的例子，例如，跨界爵士天后黛安娜・克瑞兒（Diana Krall），她被《時代雜誌》評論為「無論何時何地，她就是一種凝聚靈魂音色與高雅音質的聲音」。她不只以慵懶的調性，挑戰每次爵士樂創作的旅程，她也從未因自身的才華而自限，反而常向製作人、合作方請益。同時，她對歌迷的意見十分重視，這麼多年來，她持之以恆地保有求教之心，把每個意見都放在心底，除了展現了自身爵士樂的極高造詣，也為自己的創作與歌唱事業注入更多元的活力，有了聞聽人意見的修正（指引），她開始把自己的生命故事融入每首歌曲，讓她能從鋼琴、貝斯、吉他的三重奏形式，奠立復古爵士的迷人音樂風格，長期在樂壇綻放獨特又完美的舞台魅力，同時，也讓她拿下五座葛萊美獎的殊榮。黛安娜・克瑞兒樂於向他人請益，不止步於眼前的成就，因而修練出極致的爵士樂成就。

翻開美國歷史，二戰之後，美國總統其中一位最受人喜愛的就是約翰・甘迺迪（John F. Kennedy），他臉上總帶著陽光般的笑容，樂觀開朗的性情更讓他成為善於向人請教的高手。他透過幽默詼諧的提問，讓人民感受到他樂於向大家請益的真誠。他把每位民眾當作自己學習的老師，就像永在吸水的海綿，讓他得以不斷打破思維的局限，與時俱進地汲取知識，讓他成為全民的創意總統。

挖掘知識與能力的金礦

向人請益，就像是把每個人當作豐富知識的礦脈，你願意天天問問題，就像拿著鏟子去挖掘知識與能力的金礦，用最短的時間直接移植他人的成功經驗。

例如，全球具有創意與冒險性格的富商伊隆・馬斯克，身兼 SpaceX 跟特斯拉的 CEO，《馬斯克傳》提到：他除了擁有像鋼鐵般百折不摧的意志力外，更是一個天天都在對身邊的人不斷問「為什麼」的提問狂人。連特斯拉電動車需要多少顆電池才能達到續航目標，這樣的問題，都會不時從他腦海迸出，讓他進行提問。馬斯克不斷以問問題的方式，將決策步驟簡化、問題聚焦，讓他創造出許多不可能的成績。同時他也不斷要求自家的員工，要適時對現況提出質疑，才能深究問題的核心，打破固有的框架，顛覆過往的操作模式、思考窠臼，找到合乎時宜的解決之道。最讓人津津樂道的是，在特斯拉電動車研發的過程，他可以放下身段，用不分彼此的態度，不斷向對手美國通用汽車、豐田汽車的專業人士詢問，從中萃取電動車的重要建議，讓他避免規劃錯誤，盡快轉化他人見解為能量，打造特斯拉電動車的天王地位。他的人生理念很簡單：一個人要進步得快，就要不斷請教與學習，才有機會突破自己。

當你在職場遇到重大的困難，只要向他人請教，就能獲得務實的建議和奏效的策略。以我自己為例，在研發學校大數據選書系統時，必須常常和科技廠商開會。第一次對談的氣氛並不融洽，許多關鍵提案都沒有獲得對方的支持。

開完會後，我找到前輩抒發鬱悶的心情，也趁機向他討教如何和科技廠商進行管用的溝通方式。資深前輩說：「妳要先放低姿態，畢竟合作的基礎是關係的鞏固，當彼此都在觀望的階段，妳必須釋出最大的誠意，無須進行利益的攻防，反而是謙沖自牧地和他們站在同樣位置，這個僵局才有機會露出溝通的曙光。」

前輩的建議瞬間提點了我，在溝通中，沒有人該置身度外，我們要找回竭盡全力做事的信念。我先向研發團隊致上感謝，謝謝他們每天熬夜找平台設計的解方，也動之以情地，談到過往學校團隊投入的心血，以及目前最棘手的問題，就是讓不同網站的數據同步對接起來，不知他們有沒有幾個方案可以提供給校方進行評估？

當我開始進行正向提問之後，科技團隊重新和校方建立互信的關係，並協助我們釐清事實。前輩的提醒，讓我學會積極尋求專家協助，真誠地聽取對方的建議。我記得在《莊子》看過一個故事：顏回曾詢問孔子，老師，我沒有更好的想法了，請問現在我該怎麼辦？孔子不直接回答，卻要他先進行齋戒。顏回覺得疑惑，再次詢問老師：「我已經很久不喝酒、不吃葷食了。請問這算是齋戒嗎？」孔子繼續回答：「這說的是祭祀的齋戒，而不是心的齋戒。」接著，孔子就給予他真正心齋的指導。孔子告訴顏回：心齋是保持心志專一，不用耳朵去聽，而用心去體會，接著不用心去體會，而是用氣去感應。一個人的心若能容納外物，並與之融為一體，就能達到空明的心境，就是所謂的心齋。從這段故事，你會發現：請教就像一把知識的鑰匙，透過向人請益能夠打開知識之門；請教也像是一道燦光，在暗夜為我們指引正確的方向。當我們有疑惑，只要願意，向他人學習就能即刻獲得真正的答案。

無論順境逆境，你都需要他人的知識之燈

一流的人善用提問，快速擁有他人豐富的經驗，為困境指點迷津，透過他們提供的精湛答案，體察不同的思維和方法，讓我們補足知識的全貌，擁有與

成功攜手同行的機會。向人請益像是參與一場知識的盛宴，讓許多高手提供我們寶貴的見解，藉由他們豐富的學養，提升學習的樂趣，獲得成長的契機，讓提問變成另類的知識複利。

當你處在成就高峰時，需要他人獻出箴言，讓我們不會迷惑在成功的掌聲中，忘記自己曾「為何而戰」、「為何而做」的人生志向。當我們處於逆境的時候，向他人請教，你會得到實質的點撥，內在的安慰。無論順境逆境，你都需要他人的知識之燈，讓我們安然地走在正直善良的路上。有次，巴菲特在進行一場演講時，有位學生向他提問，成功者的定義是什麼？他的回答是：「成功」不是擁有多少財富，或達到何等成就，而是認真問問自己：「你愛的人，是不是也同樣愛你？」這個答案太跌破大家眼鏡，卻也讓我們知道向強者請益的重要。

原來，強者的答案常常和你思考的都不一樣。就像比爾・蓋茲曾問好友巴菲特一個問題：「正直到底是什麼？」兩位全球財富 1％的有錢人談的不是賺錢的話題，而是人生的種種靈魂拷問。透過不時的見解交流與互通，建構志同道合的思想高度，也培養亦師亦友的深厚情誼。兩人的同台出現，也常被媒體貼上謙遜求知、樂於學習的強者標籤。

多向他人學習請益，可以從問一個好問題開始。請教不只是找到同溫層的社交貨幣，更是透過問題澄清的過程，培養共振的價值觀。同時，向人請益絕非是孰贏孰敗的位階戰，當對方向你投以善意的問題，任何人都會「知無不言，言無不盡」的。就像有次我問朋友什麼是幸福？他就用《哈囉掰掰，我是鬼媽媽》的台詞回答我：「無論處在何種苦難中，至少還能吃東西、還能觸摸到所愛之人、還能呼吸，是多麼美好的事情，我直到死後才明白。」他的話讓我重新關注生活的小事微物，原來幸福都藏在不經意的瑣碎舉措裡。透過真誠地問一個問題，就能得到他人重要的答案，所以，無須害怕，勇敢提問就對了。

CHAPTER

3

誠心讚美

讚美是心想事成的祝福

印度詩人泰戈爾說過：「稱讚使我害羞，因為在我心靈角落裡隱約期望被稱讚。」過去我也是極度害羞的人，既不善於誇獎他人，面對他人讚美也會手足無措。即便內心悸動，我們卻不好意思對別人說出感動、感恩的話語。但，我們都喜歡被讚美，那是世界上最幸福的時刻，用心感受，你會聽到真誠的祝福，大腦也會產生愉悅的多巴胺，心裡甚至會盈滿被賞識、被關注、被疼惜的溫暖。我們都深諳讚美的力量，但為何有些人會「吝於讚美」他人，甚至把讚美對方視為畏途呢？

我想是以下幾個原因，造成「愛在心裡口難開」的結果：

東方社會低調保守的價值觀：儒家崇尚質樸之道，主張表達應謹慎小心，尤其有德之人多處於權威位置，上對下多是忠言逆耳之語，而非為了使對方開心，和顏悅色地稱讚對方，自我惕勵與強調內在成長的價值觀，妨礙了我們及時讚美的行動。

擔心對方臆測或尷尬：讚美通常是拋與接的雙向回饋，當稱讚者開放地給予讚賞，對方卻因為壓力而蹙眉不語，表達者就會備感不禮貌或不合宜的內在壓力。之後就會節制和克制情感的表達，不願意再給予他人讚美。

自我設限和不安全感：有些人對於稱讚的拿捏存有防衛機制，對自己給出的評價常感到不安，例如，對方會不會覺得這樣的說法過於空泛、虛偽或是不真誠，當讚美變成自我懷疑和不安時，都會影響表達的頻率與主動性。

表達者的保守慣性：有些表達者的情感是節制和保守的，他們不願意過分表露自己真實的情感。尤其在公開場合的應對進退，大多是小心謹慎的。因此，他們並未建立大方給予他人讚美的習慣。

對他人反饋的恐懼：讚美過後，最擔心的是被誤解為過分討好或渴望取得他人的好感。這樣被曲解的經驗，會讓人擔心自己的讚美會被視為虛偽或不真誠的行為，甚至有損他們在他人心目中正直的形象。

不過，時代改變了，我們應該更慷慨地給予他人讚美，一如作家楊士毅說：「每個念頭都是一扇會把我們帶到不同生活的門，任意門不在世界，它在我們的心裡。」我也曾在讚美之門前逃跑，直到有人對我說：「為了妳，我想要變得更好。」這句話是我聽過最珍貴的讚美了，同時，我也決定把我得到的善待，更篤定地傳遞給他人，讓讚美成為我們破繭而出的生命力量，把讚美的光安放在每個人幽微的心底。由讚美開始建立的信任和尊重，能避免錯過的遺憾，有助於積極溝通與情感表達。

讚美就像贈人玫瑰，自己也手留餘香，當你真心稱讚別人時，對方快樂的情緒也會擴散而來，讓你獲得雙向的善意，這就是稱讚的魔法。就像美國語言學家沙皮爾[5]與沃爾夫[6]（沙皮爾的學生）提出「沙皮爾－沃爾夫假說」：人類的思考方式決定說話的語言。正向思考的人，通常會把讚美、鼓勵掛在嘴邊，讓語言形成正向的回饋，帶有祝福的力量，讓人心想事成，我常覺得：讚美讓自己窺見幸福的日常，人際的美好。

小時候，我常陪伴媽媽到菜市場買菜，發現那些大哥、大姊們讚美的藝術真的很高明。他們總是嘴甜地稱媽媽為「水姑娘，妳來了喔！」「今天有很多便宜又水噹噹的蔬菜喔！一樣水的妳要不要買一點。」每次去逛完菜市場，媽媽的嘴角總是微微上揚，無論是髮上的飾品，身上的花衣，賣菜的大哥大姊們，

5 Edward Sapir，一八八四－一九三九，二十世紀初著名的美國語言學家、人類學家，尤其在語言學史上占有重要地位，同時是研究文化與人格、社會與個人相互關係的先驅。

6 Benjamin Lee Whorf，一八九七－一九四一，美國語言學家，沃爾夫提出各語言結構之間的形狀差異，影響說話者對世界的感知及概念化的概念。

都十分精準又具體地讚美了一輪，逛個菜市場好像上完一堂正能量課程，此起彼落的叫喚聲參雜著迴盪於耳的讚美聲，讓我第一次體會到讚美就是把話說在對方的心坎上，真心的「甜言蜜語」應該沒有人能抵抗或是討厭吧！日後，我更察覺到：菜市場的讚美術靠的是日積月累的誠意，其建立的人際關係削弱買賣的對價關係，每日一句問候，一聲感謝，「買賣不成，讚美在」的貼心做法，確實讓人一見到他們就愉快，一愉快就忍不住一直「打包」下去。

讚美雖然是我們與生俱有的能力，但如何因人、因事、因時、因地，妥適地說出稱讚的話語，果真是一門大學問。有時候，你把對方捧得太高，言語就會顯得虛假失真，有時候，你的讚美是有所求的，反有損彼此的關係。當稱讚不再令人感到喜悅時，你可能要適時修正自己讚美的方式，並試試以下的做法：

一、量身訂做的讚美：讚美不要針對不用努力就可以得到的特點，例如，外表美麗、英俊，天資聰明，「人很好」這類的形容詞。讚美是要在一個人完成行為之後，提供行為者具體的反饋，才是量身訂做的實質稱讚。例如，昨天開會的成果報告，你分享得極度精采，影片也做得十分吸睛，謝謝你的表現，替我們團隊帶來專業加分的效果，你辦事能力真的讓我們都覺得很放心。你說出自己欣賞對方的具體觀察，這就是讓對方往美好世界奔赴的專屬讚美。

二、投其所好的讚美：讚美是投其所好的敏感度，有些人高調，你的讚美不能隱而不現，必須及時說出；有的人低調，你要顧及他安靜的性格，不要讓他困窘羞赧。讚美好像在學走路，你無法選擇路況，但你要全心全意地把目光望向遠方，讚美的遠方就是對方，當你根據對方的性格和價值觀給予合宜適切的讚美時，「誇準」對方的發亮點，就能使其內在欣悅，自然能拉近彼此距離。

三、適度且真誠的讚美：讚美是稱讚「對方值得尊敬的部分」，你多描述過程，稱許事實，這就是適度且真誠的讚美。例如，學生為校爭光，我鼓勵他總是站對位置，並善用努力讓自己閃閃亮亮。學生鎩羽而歸，我肯定他重視歷程的付出，無論成敗，這段磨練的時光，依然是收穫滿滿的成長軌跡，用讚美鼓勵他們向前行。讚美最怕模稜兩可、敷衍草率，避免「這句話套用在誰身上都可以」的說法。

四、挖金礦的正面讚美：個性通常是一體兩面的，性格安靜的人，你可以稱許他做事沉穩，給人一種放心的安定感。個性外向的人，你可以稱讚他懂得掌控大方向，氣場特別強，容易造局。稱讚對方令人意外的特質，你可以放大他的性格優勢，縮小他的性格劣勢，對方就會佩服你縝密的觀察力，正面讚美且鼓勵對方成為自己該有的模樣，這樣的讚許會讓對方對你產生安全的信任感。

如何讓讚美變成日常習慣，你可以先提示自己，表達時多用正面形容詞，避免負面形容詞，例如：「你真的很吵！」可以表達成「你真的很有活力耶！」、「你很強勢！」可以說成「你很有領導魅力喔！」你可以先針對自己親近的人嘗試，讓讚美變成善意的共鳴。同時運用簡單的法則，可以先從讚美「事」開始，例如，你的專案做得真仔細；再來讚美「物」，你的衣服好別緻，你真的很有品味，這些容易上手的開始練習。最後，每讚美他人一次之後，也要給自己一個讚美：怡慧，妳不容易耶！又完成一次讚美的挑戰了。讓讚美成為人際的「增強」物，帶來彼此內在的滿足感，讓讚美變成彼此尊重與欣賞的表達默契。

記得我有位前輩，他最擅長用讚美取代責備，是善意語言的轉譯者。那天是我最不平靜的工作日，我把一個重要的工作搞砸了，我雖然站在主場地中，卻顯得羞愧、格格不入。主管慢慢走向我，我猶如驚弓之鳥，不斷地發顫著。他拍拍我的肩膀，輕聲地對我說：「怡慧一向要求自己都很嚴格，這是我最欣賞的。還有，年輕是妳的本錢，不要怕犯錯喔！做事的人難免會承擔意外、突發事件。下次，擔心臨時手忙腳亂，妳可以事先多找幾個人陪著妳，讓他人適時給予幫忙，這樣妳就不會感覺捉襟見肘，忙到太辛苦了。同時，妳可以試著相信自己的團隊，當大家一起辛苦，才能體會到妳是一位多麼親力親為、不求回報的主管。」

我聽完這些話，感動到當場淚眼婆娑，因為主管用欣賞、辛苦等正面詞彙肯定我的工作努力。同時他的讚美也包裹對我的期待與我該修正的方向。後來，我學會「英雄淡出，團隊勝出」的管理思維，只要我願意讓大家一起站上舞台，我們就能共享榮耀，下次我們可以做得更出色、更成功。主管的讚美讓我學會自省，他的讚美是善意拉我一把，他的讚美不是為了自己的利益，而是真心為了對方好而表達的「心內話」。

讚美像一顆善意的種子，它會在每個人的心中慢慢綻開，讓我們開始相信這個世界有人欣賞著我們，關愛著我們。讚美的眼睛會看見別人堅定美麗的樣子，你會真心相信對方的美善，感謝對方的付出，彼此的關係也能從親近到緊密，緊密到成為生命共同體。你會透過讚美打開對方的心扉，療癒他人的心傷，你的心會記得彼此相遇在滿溢正能量的語言世界，讓彼此獲得更多相伴的力量。我想把話說好，是因為我把每個人放在心底考慮著，因此，我願意脫離性格的制限，讓讚美更真誠自由地打從心裡表達而出，讓讚美的光灑下，讓它指引自己以及身邊所愛的人邁向幸福自由的人生。

一開口就讓人心花怒放！最強大的人際關係咒語

當讚美成為日常的習慣，生命也因讚美的回饋而變得更加美好與燦爛。因為你給予他人的每次讚美，都會以另類的形式循環到你的生命裡。讚美是人際最強大的咒語，它是蘊藏無窮魔力的人際密碼。畢竟，「想獲得讚美、想被肯定」是人的天性，無論年紀、職位、身分。因此，讚美他人時，我學會把自己蹲低（或墊高）一點，用對方的視角看世界，而非從自己的價值觀出發，那麼，讚美就會產生質變。因而，適時、真誠的讚美就像神奇的咒語，能帶給絕望的人極大的鼓舞，就像荒漠中的一杯水，能迅速挽救飢渴瀕死的人。

但在繁忙的現代生活中，快速忙亂的節奏，讓大家「惜字如金」，吝於表達自己的賞識與稱讚，因此，讚美的人際咒語就成為溝通表達的修練之道，亦是人際交往重要的法寶。讚美不只能讓人心花怒放，還能打開對方的話匣子，拉近人與人之間的距離，營造和諧、信任的人際關係，創造奇蹟的人際魔法，那就是讚美的力量。

不過，我們在運用讚美作為人際關係的咒語時，我們要把握四項務實與具體的做法：

一、讚美是真實生活的濾鏡：生活難免磕碰跌撞，讚美猶如真實生活的濾鏡，每個日子都柔焦化，有值得留戀的地方，每個人也有值得欣賞的美好，不過就像古人說的：「美酒飲教微醉後，好花看到半開時。」讚美也要基於真實，根據你的所見所聞，讓「真正符合事實的讚美」猶如魔法，能讓彼此的關係更緊密親近。曾經，我的摯友罹患憂鬱症，當他的生活陷入了黑暗，對未來感到絕望之際，除了倚賴醫師細心的診療，我們的陪伴和話語支持，讓他漸漸走出情緒的陰霾。他說：經歷不斷被黑洞吞噬的時光，能讓他仰光的力量，是我們在他身邊不斷迴盪的同理之聲。最讓他感動的是，沒有人要他變得堅強或快樂，而是要他記得：我們對他的需要和支持。甚至，感謝過去自己的重要性和獨特性，這些體貼入微的話語如同一股生命的暖流，漸漸融化他心中的冰雪，讓他不再感受到世界的冷冽。讚美如同真實生活的濾鏡，讚美不是表面的話術，而是真誠相待的生活態度，也是歲月籠罩善意的氤氳。

二、讚美是解決問題的智慧：讚美不是過分的誇獎，也不是無原則的稱讚。它必須建立在客觀事實的基礎之上，同時，也是解決問題的智慧。一如詹．卡爾森[7]說的：「讚美是能產生能量，但前提是它必須是有根據的。受到不應得的讚美可能是一種侮辱，因為這反映出讚美者的不在乎。」有人善用讚美促發對方進步，給予他們中肯的建議，也有人透過抓住對方的閃光點，表達出欣賞和敬佩之情，讓對方願意主動對他伸出援手，進而解決棘手的問題。特斯拉 CEO 馬斯克在做新人面試時，會要求他們如實描述自己解決棘手問題的工作／生活經驗，從中辨識人才的真偽和解決問題的能力。同時，他也很意外地發現：真正歷經過問題且能想出解決正確解方的人，不只不會輕易忘記做事的細節，也會把成功歸功於團隊的努力、他人的襄助。原來，讚美不只是解決問題的智慧，更是人際交往中最溫暖有力的咒語。諾貝爾文學獎得主莫言說過：「對付小人，如果你沒有他壞，最好的處理方式不是翻臉，而是誇讚。」畢竟黑暗無法驅使黑暗，唯有光明才能帶來希望，報復不能解決仇怨，唯有讚美和愛可以。只要發自真心的誇讚，就能產生不可估量的影響力。欣賞他人的優點，學會在他人需要時給予鼓勵和肯定，讓「你真棒」、「辛苦了」、「這個想法真好」這樣如一抹亮色的話語，成為解決問題的關鍵語法。

三、讚美是人際漣漪的魔咒：透過讚美的真實反饋，不只正向褒揚對方，也間接影響正在聆聽的他者，對方的優勢和能力因為你的讚美而被看見、被聽

7 Jan Carlzon，北歐航空公司（SAS）前總經理，三十六歲擔任瑞典著名航空公司靈恩航空公司總裁，先後幫助兩家企業由瀕臨破產至轉虧為盈。

見，不知不覺中，它也在人際圈散發讚美的漣漪，讓美善的效應快速擴散。當表達者的讚美被所有人重視時，無形中，你的肯定具有「鼓舞」人心的影響力，從職能的角度思考，懂得讚美的人就更容易博得主管的青睞、同事的情誼，這也是工作能力的邊際效益吧！我有位同學是厲害的銷售經理，他正是最會讚美屬下的主管，我記得他是這樣對剛達標的同事說：「小陳，衷心感謝你的辛勤付出，我看見你為了專案超時工作，連喝水的時間都省了，下次不可以再這樣，工作重要，身體更重要。還有，同組的夥伴，你們願意協助小陳，同心協力地克服種種困難，實踐公司最重視的團隊精神，小陳的成功，你們的付出也功不可沒。當然，其他夥伴也是我最倚重的工作拍檔，未來，我們和小陳看齊，以超凡的毅力和智慧，完成每一件不可能的任務，你們都是公司的驕傲……」這樣鋪天蓋地、不漏掉任何人的讚美，我相信，他絕對可以用讚美的漣漪效應為團隊創造奇蹟，續寫輝煌。令人昂揚向上的讚美，果真在未來替生活創造更多「不可思議」的榮光！

四、讚美是逆境翻轉的魔咒：讚美像魔咒，能夠讓自卑的人重拾自信，讓迷途的人看到方向，讓沮喪的人燃起希望。當一個孩子在學習中遇到挫折時，老師一句溫暖的鼓勵，能讓他重拾信心；當學生為一道難題苦思冥想時，老師一句同理的肯定，能讓他茅塞頓開；當同事遭遇挫折，一句「你已經盡力了，結果並不能定義你的價值」的實質安慰，就能撫平他們受傷的心靈。

猶記自己剛踏入職場時，因為求好心切、要求完美，時常感到自卑與不安。面對同事的眼光，我總是擔心自己的表現不夠優秀出色，步步為營，唯恐犯錯。但長官卻懂得欣賞我的優點，並讚賞我的努力。每當我完成一項重要任務時，他會對我說：「怡慧，妳做得真好！妳又替學校拿下第一名了，妳真的越來越更進步了！」這些擊中心坎的溫暖鼓勵，將我的疲累與忐忑一掃而空，不再害怕面對工作的挑戰。前輩的身教也影響我現在的管理模式，每當同事遇到挫折時，我會安慰他們：「沒關係！這只是暫時的低潮，我們一定能度過難關的，要不要一起想辦法，一起再試試？」因而，當友伴陷入情緒低谷時，我們的及時讚美與鼓勵，能讓他們重拾信心，找回奮起的力量。因為讚美是逆境翻轉，改變生命契機的正向咒語。

吹起讚美之風，讓他人高飛翱翔

在推廣閱讀的過程中，最難忘的，是和體育班分享閱讀經驗的時光，體育班的孩子總覺得自己和閱讀「絕緣」，看到書本就想要「睡覺」，但是，他們也需要理解如何愛與被愛，這個世界會面對氣候變遷、糧食短缺的議題，透過閱讀讓他們理解文字可以安頓生命，為生活提燈，為人生解惑。每一本書都會是他們無依時，溫暖的陪伴。當時，我和他們分享日本小說《鏡之孤城》，內容寫的是一個邊緣學生，對人生沒有自信心，在虛實的世界中，找到自己存在的價值和理由，猶如簡媜說的：「人與人接壤，能述說的僅是片面辰光，一兩椿人情世故而已。能說的，都不是最深的孤獨。」我說不出的生命奧義，文學能給予孩子們真正的答案，而我只需要陪伴他們、賞識他們，以書為橋樑，適時地讚美他們：「老師相信你一定可以的。」信任的讚美與支持，讓體育班孩子能重拾自信；當他們天馬行空的來一句：「小王子為什麼要為了一朵玫瑰放棄五千朵呀！沒有必要吧！」看似無厘頭的回應，我卻給予他很大的肯定：「你的思路獨到，融入自己的價值觀，直抒胸臆，這是你表達能力的優勢。」學生得到了肯定，一口氣打開了話匣子和思路的開關，那堂課讓我印象深刻也感動不已，原來要學生高飛翱翔，我要學著當他起飛的讚美之風。

同時，在每學期新生圖書館利用教育中，我也會給予那些怯懦、沉默的孩子更多發言的鼓勵：「你選書的眼光好獨到，這本書我也想跟著讀讀看。」「你的分享雖然簡短，但直擊問題核心，論述十分有創見。」這些話語如春風拂面，原本羞怯的孩子們，眼中突然綻放出自信的光芒，也對我漾起感謝的笑靨。漸漸地，他們願意主動舉手發言，讚美的力量讓他們勇敢地表達自己的觀點，也讓他們在讚美沃土的滋養中，成為善意的傳遞者。

我也曾收到讀者來信說：「怡慧老師，謝謝妳的書陪伴了我度過人生的低谷期。每當我想放棄時，妳書中堅定、溫暖的文字總能重新點燃我的鬥志。妳就像是我黑暗中的一盞明燈，讓我看到了前進的希望。」「老師，妳推動晨讀的經驗，以及為什麼要做的動機十分觸動我的內心。還有，妳提及：從早到晚不停推廣閱讀的初衷，是希望妳的學生能再次接軌自己小學的晨讀時光，續探閱讀救贖內心的神妙力量，將過往閱讀的回光映照到孩子寂寞的青春期……妳的用心讓我受阻的人生有了繼續突破的衝勁。」「老師，妳是金牛座的，金牛座的守護神是維納斯，不管在物質或精神上，都享有豐厚的幸福。謝謝妳每日在臉書分享的文字，為我無光的世界帶來愛與美的喜悅。」每每讀到讀者的肺腑之言，心中的感動實在難以言表。讀者的讚美和肯定，是對我持續書寫、筆耕不輟的動力來源，他們喜歡我的文字，也是對書寫者最大的賞識。一本書的緣分就像是善意的祝福，學生時期的不擅言詞，導致人際關係受挫，卻因書中的文字給予失落的我很大的支持。如今，我願把蓄積善意的光引入到讀者的生命，讓他們也能感受到文字燦亮生活的感動，在人生迷惘時，因閱讀引路而找到前進的方向。

一句真誠的讚美，一段發自內心的肯定，往往能給予他人跨越障礙的動力，產生激勵與鼓舞的魔力。面對童稚孩子的寫意畫作，若能給予他們讚美的肯定，想必能讓創作的豐富想像力得以開展；面對學生提出的疑惑，我們只要稱讚他們勇於質疑的精神，就能讓他們願意持續探究不怕失敗；面對同事的協助，我們只要及時肯定他們的付出，就能讓他們相信讚美是人際關係的咒語。一句真摯的讚美，能夠化解人我之間的隔閡，拉近彼此的距離；一句及時的肯定，更像是鼓舞人心的強心針，激發人們挑戰困難的動力。恰到好處的讚美既能滋養乾涸的心靈，也讓枯槁的生命重新綻放善意的花朵。現在，就讓我們一起來探索讚美的美境，並讓強大的咒語創造生命的奇蹟吧！

肯定方程式：如何看到他人的優點？

每個人只要站對賽場，都會是人生的贏家。美國藝術家和圖書插畫家佛羅倫絲・辛（Florence Scovel Shinn）提到：「話語是超強振動力。」當你善用「渴望＋信心＋說出口的話＝夢想成真」的法則，就能堅定信念，吸引渴望的人事物與自己同在，這也是肯定式的讚美魔法，無論對自己和他人的向上提升都極為有效。但，如何看到他人的優點、給予對方肯定，甚至是透過語言溝通，為自己與他人帶來正向美好的人際關係呢？

因為長期在校園工作，我特別關注大器晚成型的孩子，他們「慢慢來」的氣質，總讓大人擔心他們「輸在起跑點」上。但，這類的孩子需要的不是「快一點」，而是等待的智慧，讓時間慢慢去醞釀。只要順勢運用「看見優點」的讚美魔法，陪伴他們度過切磋琢磨的修練時光，慢慢就能雕磨成一塊曠世美玉。因而，我發現：在人生漫漫的長河中，除了要善於自我肯定，也要透過賞識他人的眼光，成為拉人一把的讚美「貴人」，從中建立善意且綿密的人際網絡。

心理學家兼哲學家威廉・詹姆斯（William James）說：「人類性情中最強烈的，是渴望受人認同。」每個人都喜歡被認同、被讚美、被發現的感受，當我聽見他人的讚美，不只會產生內在的安全感，整個人也會瞬間「閃亮」起來。我常說：讚美像打一盞自信的探照燈，聽到讚美的霎時，就好比脫胎換骨似的，整個人都神采飛揚起來，不只做事的質感立刻升格一級，整個人也自信專業起來了，這也就是所謂的「自尊需求」（Esteem Need）。它能帶來內在的自信，更是與生俱來存於內心的渴望，讚美他人長處，恰能讓每個人在積累能量的歷程中，找到閃亮的舞台，最終，讓自己的天賦自由。

年輕的時候，我很常處於「冒牌者情結[8]」，對自己的工作表現總是沒有信心，不時興起強烈的不安感。我的主管是個體貼的人，他常常會給我適時的讚美，他的言語好像藏有賞識的祝福，讓我即便遇到棘手的事，也能迎刃而解。他最常說的話是：「妳是誰？妳就是最會解決問題的諸葛亮。」是呀！諸葛亮是追求「鞠躬盡瘁，死而後已」精神的人，他是主管身邊最忠心的幕僚，而我也要盡快去除冒牌貨的標籤，追隨讚美之光的指引，盡力揮灑己身的獨特。就像主管鼓勵我的：「若是渴望獲得他人的真心認同，就不要憂心別人初始冷漠的回應。只要主動積極累積讚美的力量，最後你會慢慢走在相信自己、肯定他人的善意聚集處。」

或許，此生我不時在領受著讚美的恩典，因而，我常常提醒自己：要將自己獲得的讚美魔法，及時地轉贈給他人。運用讚美的力量，用心去發掘學生或朋友的長處，讓他們也能成為誠心讚美的受惠者。在心理學中，人們對自己的行為、能力、價值觀所持有的感覺、態度及評價稱為「自我概念」（Self-concept）。因此，讚美恰能讓行為、能力、價值轉為正向積極的自我概念。我們都知道：生活必然是磕磕碰碰、短兵相接，表面上，我們看起來狼狽又疲憊，而讚美的網子能剛好「接住」我們的無能為力，讚美的力量無形中也提升內在心適力，讓我們尋回「力求改變」、「突破自我」的真實力量，勇敢地再次向前。因此，讚美帶來的影響是——每個人都能在自己的賽道上盡情馳騁，無畏無懼地享受盡力而為的歷程，最終能品嘗到成功的甜美果實。

心理學家米勒（Richard Miller）在一個實驗報告提到：「教師的讚賞效應確實能影響學生的自我概念和學業成就。」因而，教師賞識學生的讚美魔法，確實是學生在學習黑暗時刻，最重要的善意提燈者。記得中學時期的余念纏老

8 一九七八年由臨床心理學家 Pauline R. Clance 和 Suzanne A. Imes 提出的一種現象，指一些成就高的人，即使有著充足的外部證據證明他們有能力，仍然深信自己不配。

師，她對每個同學都說過：你是〇〇奇才。或許是因為老師的口氣篤定又溫暖，我們都相信自己將來會是某個領域的天才。多年後，同學們在各自的職涯成就都極為出色，想必受益於老師讚美的魔法。後來，我也如法炮製地使用肯定式讚美來鼓勵我的學生，讓他們勇於突破、願意挑戰。讚美他人長處，就像在激發聽者潛藏在內心的「熱情」（Passion）以及「使命」，這種正向信念的召喚，我稱為「天命的自覺」。我們能在一件看似簡單的事情上，不斷地感受到因努力而得來的幸福，它必然會是此生志業與天命的所在。

至於，肯定式讚美的秘訣在於以下五個重點：

一、發掘他的獨特之處：當你稱讚一位中文系畢業的學生：「你的文章寫得極好」，這類的讚美不算特別，因為他可能時常會聽見這些溢美之詞。若是你誇獎他：你在管理學上的日常運用、人才的選用都極為出色。這樣很少會被凸顯的特質，不只會出乎預期，也會讓對方覺得你的讚美格外用心，因為你看見別人沒有發覺到的長處與亮點。

二、指引他優勢的方向：有時候，人會囿於成見，不敢離開舒適圈，因為他還沒發現自身長處和價值。當你願意正面讚美他的優勢，恰好成為他展現自信與積極跨越的動力。這種讚美則極具開創的價值性，它會提醒對方探索自己忽略的長項，進而完成更多不可能的任務。

三、展現彼此關係的親近感：通常人我之間都有或遠或近的距離，讚美他人長處就是突破隔閡的最佳助力。肯定他人的長處，就像是突然找到「自己人」般的驚喜，不只能很快地消除歧見和隔閡，更能增進彼此的親近感，讓對方知道：你的長處對我而言有多麼珍貴，這樣真誠又真實的讚美，通常都會是彼此關係更進一步的燃料。

四、鼓勵對方的長期貢獻：或許目前他並沒有得到任何獎項的外在光環，甚至也沒有取得某些專業的發言權，但你願意對他長期耕耘的領域給予聚焦，並且具體的肯定與稱讚，你不只是讚賞他的長處而已，更是慧眼獨具的知己，透過實質的稱讚，將他積累的努力進行實質盤點，這會是所有人最想得到的伯樂式讚美。

五、讓讚美無所不在的傳達：最具擴及性與影響力的讚美，可能不是對著本人說就好，反而是對其他人傳達對方的優勢和長處。你想像一下：某日他突然聽到別人傳達了你真心又具覺察的讚美時，我相信他不只會感謝你的大度與慷慨，也會把你永遠記在心底了，因為你是願意讓出人際舞台，去支持並讚美對方的 TOP 1 貴人，讓「從你而起」的讚美不斷在社交圈被傳播，就能讓讚美的善意更具群體共鳴的力量。

讚美是一種正面評價的魔法，會讓平凡人突然秒變超級英雄，當一個人願意看重自己，凸顯自己的強項，就能面對和克服任何的人生困難。讚美他人的優勢就像是愛的溝通，你帶著「發現長處」的眼睛，傳遞放大他人優越與特別的密碼時，對方也會在你讚美的力量中，漸漸找到自信，成為更好的自己，一如心理學家席爾迪尼（Robert Cialdini）在《影響力：讓人乖乖聽話的說服術》提到的：「人們改變自我印象的方法是『透過行為』去調整，這個方法是，有系統地實行與人們渴望的自我印象相符的行動。」就像《媽媽說話練習》提醒我們：「在父母的語言資料庫裡如果能充滿『尊重的語言』，那麼一定可以將真摯的心意傳達給孩子，增進與孩子的親密度。」我想更進一步闡釋「尊重語言」這個概念，尊重語言的最高等級，就是讚美他人長處的精準度。讚美雖不是與生俱來的能力，但它是可以透過刻意練習，讓自己習慣與人溝通多以讚美取代責備，產生肯定式讚美的習慣。就像作者尹智映（不倒翁老師）說的：「說出一百句『正確的話』，還不如一句『好話』更有助於孩子成長。」我想說好話不只是對孩子有助益，對每個人而言，能活在讚美與信任的氛圍中，會比處在挫折、負評的世界，更容易得到我們想要的「溝通結果」。一如《低谷醫生》說的：「你就像是處方藥一樣，總是扶起我垮掉的心，所以我才不去看醫生。」

讚美與同理的語言，不只能夠穩固每個人幾近坍塌的信心，同時，每天給予對方一句實質的讚美，就像在幫助對方堆疊一層又一層自尊與自愛的堡壘，一如金浩然筆下的《不便利的便利店》：那間不便利的便利店，成為了人們心靈的避風港。因為，面對困難我們都能在這間小小的商店，找到大大的善意，讚美與祝福就是每個人在不完美的生活中，彷若有光的祝福了，一如作者說：「人生就是關係，關係的根本就是溝通。我發現只要我們能跟身旁的人交心，幸福其實離我們不遠。」沒錯，若能用言語和行動去鼓勵他人前進，就能讓以讚美為日常的習慣成為黑暗終會過去，絕對不要放棄的人生禮物。

日本「經營之聖」稻盛和夫曾說：「不論你多麼富有，多麼有權勢，當生命結束之時，所有的一切都只能留在世界上，唯有靈魂會跟著你走下一段旅程。」我常思索，我們留給別人的最後印象會是什麼，是權勢、金錢、愛、善意的語言？一個擁有善於讚美他人優點的靈魂，是多麼讓人喜愛又樂於親近。他們的鼓勵讓我們從中學習欣賞他人優點的美好習慣，同時也提醒我們：不要忽略他人獨特的美，保持感恩之心待人。無論在人際關係中，還是日常生活中，讚美都能夠建立更穩固的關係，還能從他們的長處學習和成長。《論語》提到：「三人行，必有我師焉。擇其善者而從之」，我們要更有遠見性地看待他人獨特的優點，讚美絕非是淺碟式的誇獎，而是聚焦且具體的反饋。所謂「各有所長，各有所短」，若能積極尋找他人的長處，並給予適當的讚美和支持，每個人都能活出獨一無二的人生花季。

作家萬特特說：「每個人的花期不同，允許自己是那朵晚開的花。」我不強調乘風破浪造大局，卻喜歡平凡見偉大的累積。安然走在自己的路上，相信自己就會發著光。認真讓自己堅強、踏實讓自己成長，即便在無人問津時，仍繼續扎根、耕耘。水到渠成的讚美讓我理解到了：即便自己的人生之花開得比別人晚，但，我有把握讓它展現繁花盛開的景況，以讚美為名，一起綻放屬於自己的生命燦爛吧！

讚美沒有秘訣，「真誠」就好

《孟子・離婁上篇》提到：「是故誠者，天之道也；思誠者，人之道也。至誠而不動者，未之有也；不誠，未有能動者也。」意思是說，真誠是天體運行的道理，誠心不偽是做人的原則，從未發生真誠對待他人而不被感動的，也不曾發生虛偽態度能感動他人的。以此類推，真誠讚美的做法，就是以赤子真心與誠懇態度，和他人建立信任和溝通的基石，誠心不欺是讚美溝通的準則。

真誠的讚美是平實質樸的力量，它不僅能肯定一個人的價值，更能喚醒內心深處強大的力量。這種發自內心的讚美，不需要花費金錢就能得到，因為它源自於對方澄澈無瑕的善意與真誠。它不只是你內在自信的來源、成功最好的禮物，也是身處人生低谷時，向上躍起的彈力，更是遭遇逆境時，心靈的庇護所。

「真誠」是千金難買的心意，它也是人際的無價珍寶，一如《禮記・中庸》說過：「惟天下之至誠，為能化。」真誠的讚美不用華麗詞藻來包裝，或是運用演講的高超口才，它可能只是簡單的「你真的很棒」，這類發自內心說出，卻樸實無華的句子，這足以敲開人我之間的藩籬，搭建真實互動的善意橋樑。

「真誠的讚美」聽起來好像很容易，不就是毫不掩飾地說實話，坦率直接地與人溝通嗎？其實不然。它是理解對方，權衡現實條件之後，運用言語的力量，真誠關照對方的體貼做法，它實踐起來其實並不簡單。有句話說：「如果可以簡單，誰想要複雜？」真誠的讚美不需要偽裝、化妝自己的本性，一如劇作家萬方在《冬之旅》說的：「沒有一條道路通向真誠，真誠本身就是道路！」人與我之間，沒有機心的溝通，每次都能回到善意往復的交流，讓自己廣結善緣，吸引貴人相助。若想做到真誠讚美的溝通，它須具備以下幾項特質：

一、從真實面給予讚美：

真誠的人不會為了要贏得友情而心口不一，矯揉做作，反是誠懇地替他人言行找出優勢，從真實面去褒揚對方言行的亮點。例如，著名脫口秀主持人歐普拉（Oprah Winfrey），她不只勇於面對自己黑暗的人生史，並正義地揭露社會不公，為弱勢群體發聲。有次，她自豪地對自己的人生導師馬雅・安傑洛[9]說：「『歐普拉女子領袖學院』將是我這輩子最偉大的成就。」馬雅・安傑洛卻給她更具前瞻性的讚美：「妳的人生成就，來自於每個曾經與妳接觸過的生命，無關妳得到過的獎項或讚譽，而是妳在他們心底烙下的印記。」她用建設性的言語鼓舞歐普拉，讓她看見自己可能還不知道的「歐普拉」。當你發自內心讚美對方時，你就點亮他們內心的熒光。這讚美的能量延伸到日後，讓歐普拉善用言語去感動身邊的每個人，善用行動去安慰受傷的每個人，善用勇氣去鼓勵躊躇的每個人，她無所保留地給予，超越金錢或權勢的界線，在無數人的生命軌跡中留下不可磨滅的印記。

二、從欣賞面給予讚美：

發自內心的欣賞，並給予適度、不誇耀的讚揚，傳遞對其言行的認同和欣賞，你如同他的生命伯樂，樂於站在對方的優勢去「說真話」。例如，舞蹈大師林懷民分享過一段真誠讚美的故事。當年，作家邱坤良曾陪他為舞作《薪傳》采風，一起到屏東尋訪民間藝人陳達。林懷民回憶說：「當時，陳達喝著米酒配著花生米，一邊彈著月琴，即興唱了三個多小時。陳達沒有任何準備，餘音繞樑的音符就從他指尖流洩而出，他的歌聲宛如天籟，樂曲像是一部台灣歷史的放映機，當時陳達唱到『台灣後來好所在，經過三百年後人人知』時，音樂戛然而止，彷彿預言了台灣美好的未來。」林懷民和邱坤良不只被陳達的音樂

9 Maya Angelou，美國作家和詩人。

天賦深深震撼，更被他歌詞所蘊含的生命故事和歷史底蘊所打動。日後，林懷民這段真誠讚美陳達的說詞，不只肯定其對民間音樂的投入與熱情，也讚賞他獨特的在地樂音，彷若是庶民集體的記憶，在台灣歌謠界有著任何人都無法取代的地位。

三、**從正向面給予讚美：**

正向語言帶有無遠弗屆的激勵力量，也具有互利共贏的特點。當你用心觀察對方的優點，並誠意地給予認同，就能傳遞真摯的心意，進而強化對方自信，促進彼此良好的互動關係。例如，曾面對淋巴癌煎熬的作家黃春明，在其臉書上讀到無數認識以及不認識友人真摯的祝福和鼓勵時，因為這些不斷在平台為他按讚打氣，並真誠地祝他早日康復的訊息，竟讓鐵血漢子感動地寫下：「謝謝大家的關心與祝福，這些都變成我的力量。相信不久的將來，我又可以變成不令人討厭的老頑童」，這封傳到臉書的親筆回函還畫上一個可愛的笑臉。真誠的讚美或鼓勵，如春雨潤澤他的心田，更是他抗癌路上的力量來源。讚美不只能讓當事人獲得正向的力量，更是心有靈犀者生命互相映照的螢光。

由此可知，真誠的讚美具有穿透人心的強大力量，它也能點燃一個人的熱情與潛能，喚醒對方沉睡的信念和勇氣。發自肺腑的讚美，能讓每個人重拾奮進的希望，找到前進的方向。例如，亞裔球星林書豪在 NBA 掀起「林來瘋」（Linsanity）旋風前，就深獲家人讚美力量的助益。在他跌宕起伏的八年 NBA 生涯中，尤以他陷入低潮時期，家人不斷以真誠的讚賞支持他，讓他找到繼續拚搏的堅實後盾，最終，能堅持到底，仍保有對籃球的熱情。林書豪感恩地說：「家人的陪伴與讚賞讓我知道自己是誰，我能夠做到什麼。」即便面對他人質疑和打擊，林書豪也能找到重新出發的契機，繼續往閃亮的籃球夢前進。

同時，真誠的讚美不限於交談的內容，一次真誠的評論也會是另類的鼓勵和讚美。現代文壇巨擘白先勇，創作善於描繪諸多鮮活生動的女性形象，他以獨到的洞察力和細膩入微的寫作筆觸，風靡文壇。作家於梨華就盛讚他說：「在二十世紀六〇年代的中國，沒有任何一位作家，刻劃女人能夠勝過他。」這發自肺腑的評價，恰如其分地點出白先勇小說令讀者傾心的魅力所在。無論是風華絕代、能幹潑辣的玉卿嫂；還是風姿超群、留戀前塵的尹雪艷；抑或是能言善道、英爽颯氣的金大班，他筆下的女性角色各個都綻放其獨特的魅力，不只傳神地反映時代變遷也飽含對人性的深入的刻劃，新舊文化更迭之後，女性難以言說的喜怒哀樂與矛盾掙扎的心理糾葛，於梨華一語中的的點評，就是對小說家白先勇打從心底真誠的喜愛與頌讚。

真誠的讚美也能從肢體語言傳遞，記得，兒時一次鋼琴演奏會的經驗。上台前的緊張時刻，我站在候位區害怕地簌簌發抖。瞬間，我和母親眼神對上了，站在遠方的媽媽面帶笑容，一手拿著照相機，一手誇張對我比著「妳好棒」的手勢，高漲的膽怯慢慢地穩定下來。後來，演奏完，連嚴格的老師都即時誇獎我表現超於日常，說我是「比賽型」的演奏者，一上場就魅力四射、爆發力十足……其實，都是媽媽透過肢體給予我真實力量的支持，母親讓我知道：即便彈錯出錯，我還是很棒……這也是我第一次發現，肢體傳遞的真誠讚美是最直接、最有感染力的。後來，我學會了站在台下，對台上的學生傳遞無聲的讚美，除了認同的點頭，也會以讚許的手勢（如豎起大拇指、鼓掌等），讓他們立刻得到我欣賞的稱譽，讓他們知道自己的言行舉止被讚揚與肯定。

「真誠」不只是展現真實的自我，也要擁有同理對方的真心。有人習慣用暢所欲言、為所欲為當成真誠的糖衣，這類以直率為出發的說詞，真相常常是不留情面的口無遮攔。願意真誠讚美的人更重視他人感受，他會盡力維護關係，以達成溝通的和諧。從言談到動作都能細膩地讓對方感受到誠意。一如企業家也是作家的嚴長壽，每次他在交代部屬工作時，都習慣用「請您」作為開頭，這種尊重他人的善意修養，展現在他對部屬的禮貌和寬厚。比起對權威形象的塑立，他更願意把鎂光燈讓給下屬，讓對方因被上司讚賞而更看重自己的工作。

同時，他讚美員工就像讚美家人一樣誠摯自然，激勵他們積極努力、追求創新，進而提升組織卓越與進步的向上力量，堪稱擅長以真誠賞識屬下的優質領導人。

真誠的讚美不只彰顯個人廣闊的胸襟與互動的格局，交流中表現的誠懇態度，也容易建立相互的信賴感，讓對方更願意主動貢獻自己的才能，間接地，讚美的習慣也提升善意待人的魅力。過去，我曾經指導過一位年輕的實習老師，他才華洋溢，待人熱忱，只是因為沒有自信而常常出現患得患失的心態。後來，在他試教前，我特別找時間與他懇談：「你不只在教案及備課過程極具創意，課程活動的設計也非常細膩周延，只要多點自信，就能掌控班級秩序，做到『面面俱到』了。我相信，未來，你一定會是一位全方位的優秀教師。」當我說完這段話，氣氛頓時安靜起來，接著，他眼眶泛紅，恭謹地對我點頭致意，我想，他的點頭，也是對我的讚許投以理解的真誠了。

生活在節奏快速的AI時代，我們常常忽略真誠讚美的重要性。其實打從心裡說出：「你做得真好」或「你真的好厲害喔」，就是對傾聽者表達真心的欣賞和肯定的讚賞。記得有天冒雨上班，抵達之際，正感狼狽焦慮，同事卻語帶欣賞地對我說：「妳今天打扮好合宜端莊，即便外面風雨這麼大，妳一走進辦公室就瀰漫起日式溫柔氣息！」感覺那天雖然是個壞天氣，同事的話語卻讓我意外迎來了整日的好心情，這或許是真誠讚美帶來的善解吧！被肯定的喜悅，讓人願意敞開心扉，施與受的循環，讓對方也成為樂於讚賞對方的實踐者，真誠讚美像是雙向溝通的善意燃煤。一如台劇《不夠善良的我們》的台詞：「就算那或許只是路過的，不經意的讚美，但那一點點的力量，就足以讓我勇敢面對明天的太陽。」沒錯，真誠的讚美藏有祝福的力量，會帶給失意的我們內心如光的能量，同步傳遞有情人間因善意而帶來的溝通悸動。

CHAPTER

4

保持冷靜

怎樣溝通，才能不捲入謠言是非？

生活的本質並不困難，難就難在人與人的溝通上。你是否有遭遇過類似的經歷：午餐時間，同事們聚在一起，熱烈地討論著某個人的是是非非；會議時間，有人會試圖把自己的缺失推卸給他人去承擔；茶水間裡，張三李四的故事猶如八點檔連續劇，每天都有新故事可閒聊……這就是《笑傲江湖》提過的名言：只要有人的地方就有恩怨，有恩怨就會有江湖，人就是江湖。有人的地方，就有是非，當職場流言蜚語不絕於耳，遇到喜歡八卦非議他人的同事，我們該如何溝通與應對，才不會捲入是非的漩渦，我們又該如何從容應對而保持內心的清明，並以智慧超越干擾，優雅轉身？

以同理心去打造理解的鑰匙

其實在人際交往中，必然會遇到與自己觀點不同的人，說著說著，彼此堅持的範疇越大，誤會和衝突就會越來越多。面對職場衝突或人際對立，「換位思考」無疑是高智慧的情商能力。拋開過往慣性的思維方式，以同理心去打造一把理解的鑰匙，就能以開放和尊重的心態去傾聽對方，從中化解職場中的是非八卦。例如，你的工作團隊組成，有來自不同背景、不同性格的成員。有人做事謹慎，喜歡按部就班；有人思維活躍，喜歡挑戰創新。如果，我們按照自己的思考去評判他人，就可能出現這樣的問題：謹慎的人被批評為太過保守；而創新的人被批評為太過激進。但積極的職場就是要像百花盛開，接納組員們各種各樣的性格的優點，從中為團隊創造更高的產值和效能。謹慎可以確保產品的質量，而創新可以帶來組織的活力。因此，學會換位思考是一種人際智慧，也是一種情商的體現。但，這確實不容易，因為我們要學會放下自我，有耐心且開放地去接納與過往完全迥異的世界，從中找到理解和溝通的鑰匙，建立深刻、穩固的職場人際關係網。

一九五九年美國社會學家爾文・高夫曼（Erving Goffman）曾提出一個富有洞察力的理論：他將社會比作一個大舞台，每個人都在這個舞台上扮演著不同的角色。這個理論被稱為「戲劇理論」（Dramaturgical Theory）。意思是，在日常生活中，我們經常會根據不同的場合和對象，調整自己的言行舉止，就像演員在舞台上演繹不同的角色一樣，我們也會跟著環境不斷地切換自己的「劇本」。正因我們置身於不同的「舞台」之中，所以，我們絕對不要固著於單一角色，反而是要與時俱進地調整心態，找到化解職場是非的溝通藝術，讓自己能平衡內在的價值感與外在環境的變動。因此，我們面對職場的蜚短流長，可以有以下幾項高情商的做法：

一、用沉默回應八卦：流言蜚語往往如影隨形，面對他人的爭論或非議，我們第一反應常常是去附和或爭辯。但這兩種極端做法，都會落入選邊站的迷思，不如像前輩提醒我的：面對八卦紛爭只要做到無聲勝有聲，就能明哲保身。所謂「言多必失，言少必得」，當你越急著辯駁，就會陷入「此地無銀三百兩」的泥淖，不辯不爭的沉默態度，反會讓流言者心生畏懼，不知你的底牌何時會掀開？最後讓謠言能在時間的稀釋下，漸漸平息。一如老子《道德經》說的：「聖人之道，為而不爭」，因此，忍辱不辯、寡言不爭的沉默態度是對抗流言最好的因應之道。

二、用寬容應對八卦：「人在江湖飄，哪有不挨刀」，面對職場上的刀光劍影，我們的本能反應常常是憤怒和反擊。《道德經》告訴我們：「天之道，不爭而善勝，不言而善應，不召而自來，坦然而善謀。」面對職場的傷害，最好的回應，是放下執念，寬容和豁達。既然它出自於不智者的言談，你來我往的辯駁常如滾雪球般，越爭論，傷害越大。若是一笑置之，代表自己心如止水，不被擾亂，放下喧擾，其實是鍛鍊心靈的肌肉，寬容不只不易受外界影響，也能訓練內心的平靜和堅韌。

三、用自省終結八卦：有時候，是非的根源，恰恰反映出當下自身的言行。《論語．衛靈公》提到：「君子求諸己，小人求諸人。」化解職場是非的根本之道，還是要從自身做起。如果，我們習慣評論他人，自然也就成了別人茶餘飯後的談資，終結八卦最好的方式並非改變別人的溝通習慣，而是先反省自己的言談習慣。當你對自己有較高的標準和要求時，面對衝突、紛擾，你會著重於找出問題的癥結，而非咎責於人。當你常常反躬自省而不貳過，就能處事圓融，以前事為師，避免捲入是非的暗黑世界。

四、用智慧辨識八卦：職場上的矛盾，多是以訛傳訛、三人成虎的結果。當謠言甚囂塵上，我們要運用思辨力追根溯源，尋找事實的真相。謠言之所以常被傳播，常是因為它披著「似是而非」的外衣。當我們掌握第一手的資訊，從正確管道去核實消息的準確性，就不容易被謠言牽著鼻子走，捲入眾口鑠金的是非之中。畢竟謠言止於智者，我們只要安靜地聽，而不要躁進地說，就能像老子說的：「知人者智」，當你可以一眼就看出你面前的人是怎樣的人，那就是擁有識人知人的智慧了。

記得有次朋友正非議某位共同熟識的朋友時，我四兩撥千金地微笑回應說：「我和他認識不深耶！就不要胡亂發言，亂給他人隨便貼標籤了。」還有一次在辦公室，面對同事對立與衝突時，我幽默地回應他們：「各位我先暫時離開一下，工具人又接到老闆的指令了，我先去工作囉！免得老闆找不到我，他可能會焦慮。」一如哲學家萊布尼茨（Gottfried Wilhelm Leibniz）曾說：「世界上沒有兩片相同的葉子」，每個人看待世界的角度不同，自然產生的視域也就不同，人際溝通你要考慮的不是誰對誰錯，而是兩人和諧的關係。同理心溝通就是換位思考，它能巧妙地化解人際衝突，以更友善、理解的方式與對方溝通，就能化干戈為玉帛，得到意想不到的美好互動。

面對在職場的是非和流言，我常以淡定之心面對，我們又何必太過在意他人對我們的褒揚或貶抑呢？一如尼采所說：「凡不能殺死我的，最終都會使我更強大。」職場的人際互動，首要學會專注於己身的工作，面對八卦風暴，若是無法立即抽身，我也會轉念，專注於充實自身知識和技能為主，一如《莊子・逍遙遊》提到的：「朝菌不知晦朔，蟪蛄不知春秋，此小年也。」意思是，朝菌哪裡知道一月有三十天；蟪蛄哪裡知道一年有春夏秋冬四季。當我們變得更加出類拔萃時，那些流言蜚語又怎能傷得了我們分毫呢？同時，回溯史冊裡的聖賢，大多經歷過非議和誹謗的陰霾。但，他們之所以能成就不凡，卓越超群，也正因有顆超脫是非的平常之心。

優秀到不能被忽視，就能超越職場的是非紛擾

人生的最高境界是心靜，如蘇軾所說：「人生如夢，一樽還酹江月。」生命如此短暫，遭逢貶謫失意、人言可畏的磨難，用超凡之心遠離是非，用實力

證明自己的能耐，讓能力不斷提升，在這個浮躁的世界，唯有優秀到不能被忽視，就能超越職場的是非和紛擾。同時，面對八卦風暴，正是我們發揮理性腦功能的時刻。我們得盡量不被言語言行激化，陷入「情緒風暴」而失去理性的判斷。例如，大家正在議論團隊的績效遠遠低於預期時，組員會因他人的表現，為自己內心的沮喪、憤怒、焦慮，找一個歸因者來做代罪羔羊。其實，這樣的做法並無法有效地解決問題，反而會造成組織的崩盤與惡性的人際對立。這時候，我們可以輕鬆地說：先不要被情緒「劫持」，我們來個「深呼吸」運動，讓焦慮和緊張緩解一下，讓大腦重新冷卻再「上線」。先試圖讓大家離開歸因的念頭，轉換個思考的方向，大家才可以先關注自己的情緒，然後冷卻事件帶來的情緒效應，透過簡單的情緒「轉場」，慢慢恢復理性和清晰的思考能力。

當然，人生有限，怎能把珍貴的時光浪費在是非的漩渦之中？只要不附和或討好，就不會陷入八卦風暴成為無辜的背鍋者。同時，我們可要常練習對自己說：「我可能錯了。」開啟判斷的理智線、決斷的冷靜心。先駕馭自己的情緒，才能作出明智的決定，並抽絲剝繭地找到解決問題的最佳方案。雖然，站在別人的角度思考問題，需要付出更多的精力和耐心，卻可以讓我們成為更好的溝通者，更好的傾聽者和理解者。

若不幸被捲入其中，也無須煩憂，我們要感謝這些生命中出現的八卦流言者，讓我們對內幕消息「免疫」，懂得掌握沉默是金的修養、識別是非的眼光，理解自省的智慧，化解矛盾的勇氣、自我提升的決心等關鍵。即便面對外界的風風雨雨，仍能以寧靜致遠、豁達的心，找到繼續前行的力量，若是內在處於豐盈飽滿的狀態，就不會被任何外物所撼動，自然不再被推到風口浪尖，成為眾矢之的。最後，學會欣賞每個人的獨特性，學會在差異中尋找共識，是人際高情商的體現。同時，憑藉理性的判斷力，在人際交往中保有獨立思考的智慧，找到一方清靜天地，安然遠離八卦風暴圈，讓職場生活更豁達逍遙、圓熟自在。

他就是想找一個人吵架！面對難以溝通的人，我們該怎麼做？

在日常生活及職場人際中，難免會遇到容易與人吵架，難以溝通的人。他們可能因性格、經歷、立場等原因，在與人互動時，會出現較強的自我中心、不願聽取他人意見、思維僵化等特質。當他人給予真誠的建議而無法說服他時，還會擦槍走火，導致他們情緒「炸鍋」，以為你是故意找碴，出現攻擊你的言行。探究其中的原因，可能是在原生家庭找不到安全感；或過去人際互動曾受過傷害。當你看懂他們冰山以下的情緒時，就會用更包容的溝通方式去化解他們的敵意。

面對這些只想找你吵一架，而不想好好與你溝通的對象，若以抗衡對峙的心態去應對，就很容易讓暗黑的情緒主宰自己，陷入爭執的場面。過往，我時不時會遇到友伴因瑣碎的小事，在言語中交鋒，爭個你死我活。雙方勢不兩立、火藥味十足的場景，結局往往慘烈萬分、老死不相往來。事後，當我理解他們發怒背後的心態與真正的需求，其實都只是溝通不良導致的惡果。一如哲學家尼采說：「與怪物戰鬥的人，應當小心自己不要成為怪物。當你凝視深淵時，深淵也在凝視你。」面對溝通的阻礙，我常警惕自己，不要被負面情緒所吞噬，更不能淪為自己最厭惡的模樣。因此，先控管情緒，開啟理性腦，守住價值的底線，運用以下六大策略，就能找到有效溝通的鑰匙：

一、學會情緒管理：面對他人劈頭的指責，往往容易被情緒挾持，進而作出不理智、不成熟的反應。學會駕馭情緒，控制態度，不被外界的刺激左右，展現大度的人際交往。我最常提醒自己要覺察情緒，當委屈不安開始升騰時，我會先按下情緒的「暫停鍵」，讓情緒有緩衝的空間，也會暫時離開火爆的現場，從情緒的漩渦脫身，直到心情歸於平靜，再重啟溝通模式。我不希望生氣時的發言會讓對方受傷，讓自己終生後悔。唯有管理好情緒，才能讓矛盾降溫，重建關係。過去，性格稜角分明的我，也很常自傷傷人，在經過歲月歷練，學會管控情緒之後，也漸漸蛻變為講理的大人。一如《挪威的森林》中永澤學長的人生哲學——只是想在這個殘酷的世界上試試自己的能耐。面對難以溝通者傳遞而來的憤怒與攻訐，即便再努力也只能換來冷漠的迴響時，唯有學會情緒管控，告訴自己：「忍一時風平浪靜、退一步海闊天空。」或許就能避免落入「面子之爭」的迷思。

二、以柔軟心應對：以柔軟心應對，是巧妙地化解人我僵局的良方。如果，你也採取同樣強硬的態度，只會讓雙方處於唇槍舌劍的對峙狀態，最終導致兩敗俱傷的局面。不如先以柔軟心應對，如《道德經》說的：「天下莫柔弱於水，而攻堅強者莫之能勝。」面對難以溝通的人，學會用柔軟心應對，就能以退為進。所謂的態度柔軟並非一味地退讓，而是維持情緒最低度的消耗，保持如水的彈性，嘗試柔軟傾聽的技巧，讓對方情緒適度轉移，將雙方的溝通調成同頻，內心也就不受對方言語或行為的摧損。例如，有次學生不小心把手上咖啡潑了我一身，他除了驚愕，也擔心被我責罵，竟惡人先告狀：「妳為什麼要撞我？害我手上的咖啡都潑灑出來了。」當下，我先是訝然不已，但冷靜後，我就詼諧地問他：「看來你不是很滿意老師今日的穿著打扮，失陪一下，我換套衣服再來和你好好聊天。」與其生氣責難，落入互相咎責的迴圈，不如柔和以對，先轉換針鋒相對的氛圍，留給彼此自省的空間，再進行理性的溝通。

三、用善意化解敵意：對青少年而言，老師發自內心真誠的鼓勵，都是具有善意的召喚，能夠讓他們不自覺地放下仇怨或敵意。過去和學生互動時，我最常運用「畢馬龍效應」，也就是「自我應驗預言」（self-fulfilling prophecy）的原理。青少年在盛怒下，會以突然「炸裂」的負面情緒衝擊對方，是我教學常會遇到的案例。通常，我會先站在他的立場表達理解和認同，並以同仇敵愾的態度安撫他。當我放低姿態去「接話」，就能給予他正面的情緒引導。例如，兩個學生吵到不可開交時，我會把其中一方帶走，然後真誠地對他說：「我完全能理解你憤怒的心情，換作是我，可能會比你更憤怒！但我發現：即便委屈難過，受到不平的對待，你都能克制情緒，沒有做出失禮的行為，這真的很不容易。」我會不斷往孩子身上貼著「情商高、自控力強、成熟優秀、很棒的孩子」這類正面的評價，並順勢表達：「你能做得這麼好，表示你是一個很棒的孩子！是不是也能拉同學一把，好好溝通，讓他們和你一樣高 EQ 呢？」利用「畢馬龍效應」的善意鼓勵，孩子就會變成講道理的大人，未來在與人互動時，也容易變成通情達理的溝通者。

四、用微笑消弭怒氣：面對咄咄逼人、情緒失控的表達者，我會先運用「伸手不打笑臉人」的做法，與其迎頭對戰，不如微笑以對，先讓對方充分宣洩負面情緒。有句話說：「一個銅板不會響」，若跟著暴衝的情緒起舞，勢必會製造更多的紛亂與嘈雜。反之，若能以誠摯的微笑、溫和的語氣安撫對方情緒，無論對方多麼無理取鬧，都能感受到表達者的善意，久而久之，也就卸下敵意的防衛，慢慢與你進行理性溝通。例如，有次忘記繳交報名資料的家長，不分青紅皂白地對著承辦業務的同事破口大罵，同仁聽完所有的抱怨之後，態度誠懇、面帶微笑地對家長說：「您的憤怒我們都能感同身受，請您放心，我們會站在學生立場來協助，也會盡全力處理，給予您滿意的解決方案！」家長聽完也就瞬間冷靜下來了。一如美國總統亞伯拉罕・林肯（Abraham Lincoln）說的：「我不喜歡那個人，我必須要更加了解他。」當我們設身處地去理解他們的所欲時，就能探尋到他們憤怒或不滿的癥結點。微笑是最好的溝通，它能撫平失控的情緒，消弭他們的怒氣，讓事情有轉圜的契機。即便溝通陷入僵局，也別忘了微笑與幽默的力量，一如美國作家比徹・斯托（Harriet Elizabeth Beecher Stowe）說的：「以幽默博君一笑，對方就會不知不覺聽你擺布。」

五、透過詢問找出癥結：遇到性格強勢、態度不友善的人，若是直接以言語對抗，往往造成矛盾加劇，讓關係變得更惡劣。不如透過抽絲剝繭地詢問，去探究他的憤怒所在，以解決問題的心態來化解彼此的心結。例如，我曾在會議中遇到頗為棘手的情況。同事對團隊提出尖銳的質疑，言辭犀利，讓合作夥伴聽完很不舒服。當下，我的第一反應是想立即為團隊辯解，但轉念一想，決定先讓自己冷靜下來，試著去理解對方的顧慮。於是，耐著性子問他：「我能明白你提出問題的用心良苦，你的顧慮也是好意提醒，但，為了讓團隊能避免犯錯，做好籌劃，您可否更具體地說明真正的擔心為何？」透過不斷的往返詢問，避免作出片面或錯誤的解讀。最後，對方的情緒也在一應一答之間平復了，我也表達對其觀點的尊重，感謝他願意充分溝通，讓我理解對方真正的意圖。這次的經驗讓我覺察到：他之所以言辭激烈，態度強勢，並非存心刁難我們，而是雙方慣用的溝通方式不同。如果能以開放的心態放下立場，給彼此多些時間去表達，分歧的意見也能逐步找到和解的共識，把問題徹底解決，達到雙贏的結局。

六、轉念的智慧：面對衝突與矛盾，轉念的智慧能快速弭平彼此的隔閡。當我們學會體會他人的處境，就不會輕易評判他人，正如同諺語：「穿別人的鞋子，走一英里的路。」除非你也歷經與他人相同的艱辛。例如，有次重要的會議，合作單位不只遲到十來分鐘，到場後還語帶輕佻地說：「路上遇到車禍大塞車，晚幾分鐘應該不會讓要求完美的你們憤而離席吧！」同事們聽到無禮的話語，臉色不只凝重，也以尖銳的語言指責對方：「你的時間是時間，我們的時間不是時間嗎？像你這種態度散漫的合作方，以後怎麼配合下去？」雙方若繼續用情緒語言來對話，合作關係可能會破裂，重要的專案也將停擺。我明白說話者傳遞的是：「請不要太責怪我們遲到，我們真的很重視，但，就是塞車惹的禍，遲到一點點應該沒關係吧！」

我倒了杯水給對方，「其實你們沒來的時間，我們都很擔心你們。外面熱，忘記幫你們倒杯水了。坐下來喝口水，我們理解塞車的焦慮，奔波的辛苦，放輕鬆，大家都很期待您的專案報告呢！」對方聽完態度也隨之軟化，「抱歉，團隊下次一定會修正作風，絕對不會遲到，謝謝你們的理解和包容。」其實，把實話藏在心底太委屈，但把傷害掛嘴上，也讓關係太觸底。人際風暴常常只要換個念頭就能平息了，而寬容的語氣就能讓誤會大和解。

說真心話，要與性格強硬、立場偏執的人打交道，確實是一門高明又深奧的說話課題。但我特別喜歡蔡康永說的：「說話之道，就是『對你好』；因為我說得讓你開心，你也會把我放在你心上。」對你好，讓你開心，真的是說話之道的最高段。這需要用理性詢問找出矛盾的癥結，善用情緒管理、柔軟心、善意、微笑來讓人際破冰，就有機會四兩撥千斤地化解歧見與紛爭，若能把話說好，收穫最大的絕對是我們自己。若是面對只想吵架，用盡辦法也不願傾聽的人，與其勞神傷形，不如學習孔子「君子和而不同」的智慧。當一切努力終究無法讓對方理解時，只能選擇轉念與放下執著。畢竟改變他人實屬不易。在溝通的艱難時刻，只要記住：溝通是凡事豈能盡如人意，但求無愧我心，如是而已。

對方突然改變態度不理我，我說錯了什麼嗎？

行旅在人生旅途，我們都渴望成就一段美好的人際關係，即使關係碰壁了，對方突然不理我了，也想慷慨、真誠地守護友誼的最後防線，讓每次的邂逅都是圓滿的相遇。但，就像以阿德勒學說出發的《被討厭的勇氣》說的：「所有煩惱，都是人際關係的煩惱。其實就連隱士，也很在意他人的眼光。」如果，過去一向對我們噓寒問暖的友伴，突然不再關注或肯定我們了，甚至，對我們的態度也不像過往那樣親近，我們該做的第一件事是反躬自省，學會「理性溝通」，有錯趕緊認錯，畢竟沒有人能承受被利用、背叛與欺騙的心情。

要是沒有錯，就誠實地面對內在情緒，覺察彼此的需求，練習說出真心話，嘗試與朋友溝通，讓對方也能理解自己的處境與心態。同時，釐清他們突然「不理我」冰山以下的情緒，所謂事出必有因，真誠的詢問和傾聽，就能理解對方內心深處的渴望，建立緊密的情感網絡，畢竟成熟的關係也是需要雙方共同努力的。

如同《小王子》中的狐狸說過：「小王子啊，你要明白，生命中真正重要之事，並非單從外在的觀點，去看她有多麼與眾不同。就算一朵花真的獨一無二地存在於世界上，如果，她和你沒有產生任何聯繫，沒有建立任何感情，她的唯一於你又有何意義？」這段敘說也提醒我們：面對真正在乎的人，我們得主動付出時間和精力去經營關係，才能讓彼此的情誼更加根深柢固，在歲月的長河中續寫友誼雋永的詩篇。如果，面對朋友突如其來的冷淡，導致見面尷尬、關係破裂，內心難免感到茫然無措，但別讓誤會與隔閡變成友誼的束縛與牽絆。以下六個方法，能務實地幫助我們修復變色的友誼，重拾和諧相處的美好時光，讓這株情誼之花，重現活潑生機，在彼此心田綻放，芬芳遠播。

一、理性分析矛盾的來源：當友誼之舟駛入迷霧，彼此的心就會開始漸行漸遠。面對衝突，循著理性之光，穿透層層迷霧，找尋問題的根源。冰凍三尺非一日之寒，情誼的淡漠也非一朝一夕。若能追本溯源地自問：是否無意間冒犯了朋友，引起對方內心不悅？是否朋友有其他煩惱或顧慮，陷入了難言之隱的煩惱泥沼？抑或朋友只是跌墜心情低谷，無法對你訴說內心的焦慮？唯有透過理性分析，我們才能在「你不說，我也不說」的死胡同中找到有光的出口。你可以理性分析，盡快去除矛盾，迅速修補關係，走出誤解的困局，不至於讓友誼在原地兜轉，開啟溝通的嶄新路徑，讓對方理解自己的心意，就能觸及對方心底最柔軟的地方。就像小說《我想吃掉你的胰臟》，熱情洋溢的女主角與內向孤僻的男主角，原本是毫無交集的兩條平行線，厭世消沉的男主角透過「共病文庫」的文字往返，他讀懂女孩熱愛生命的心意。原來，罹患絕症的女主角以「我想吃掉你的胰臟」的暗喻，傳遞要和對方一起好好活下去的想望，以及「活著，就是要不斷創造自己的故事」的人生觀。文字的溫度融化兩顆封閉的心扉，讓兩人能夠冷靜梳理混亂的思緒，再大的誤會也能化解，再遙遠的距離也能拉近，一顆被讀懂的心，被讀懂的生活悲歡，會讓人慢慢開啟門扉，最後，他的態度也會從冷漠轉為溫暖，終會駛出情誼的迷霧，揚帆前行，駛向心靈相通的彼岸。

二、以暖心陪伴點亮人際之光：歲月是最好的人際解方，當朋友陷入情緒黑洞，他需要的是一段冷靜獨處的時光，去自我覺察並修補心靈的創痕。在這段冷靜的時光中，給他更大的空間去梳理心中的罣礙，別急於打擾。一如李維菁《我是許涼涼》說的：「他不會說我愛，然後消失。他不會說有我，然後說對不起我做不到。他不會說晚點，結果讓你空等。他不會跟你承諾以後流淚的時候幫你擦拭，然後消失。」如果你珍惜對方，自然不會讓真摯的感情，走著走著，就散了，就不愛了。就像俗語說的：「分享，能使快樂加倍；分擔，能使痛苦減半。」當你願意等待陪伴，對方也會以同樣的方式回饋於你。心理學家榮格曾說：「想要改變別人的念頭，一點都不要有，你只要像太陽那樣，保持自身發光發熱就好。」當朋友陷入黑暗時，你的存在就是如光的存在，溫暖地指引他走出黑暗與絕望。在《紅樓夢》第三十四回，寶玉挨了賈政的狠打，傷重到奄奄一息。但，恍惚中，寶玉彷若聽到林黛玉心疼又悲戚的哭聲，顧不得自己的疼痛，他心裡掛念著傷心欲絕的黛玉。甚至，他急著讓晴雯送去兩塊舊帕子，想盡辦法安慰她，生怕她傷心過度哭壞了身體。從這個橋段讓我們看到，愛到深處無怨尤，你考慮的不再是自己的感受，而是事事為他設身處地的濃情密意與細水長流了。

三、洞悉冰山下的真實情緒：當溫柔的摯友突然化身為滿身利刺的刺蝟，我們是否會感到費解疑惑？薩提爾指出：人之所以會變成帶刺的刺蝟，往往源於內心深處對受傷的恐懼，才會用尖銳的外殼武裝自己。面對戴上尖刺盔甲的朋友，我們不是要啟動自我防衛機制，變成另一隻刺蝟，與之較勁，而是換位思考，關注他的感受，跨越言行的表象，深入冰山之下，傾聽他們真實的聲音。正如費滋傑羅《大亨小傳》開篇所述：

在我年紀還輕，閱歷尚淺的那些年裡，父親曾經給我一句忠告。直到今天，我仍時常想起他的話。

「每當你想批評別人的時候，」他對我說：「要記住，這世上不是每一個人，都有你擁有的優勢……就這樣，我逐漸習慣不輕易論斷他人，這樣的習慣讓很多古怪的人向我敞開心門，也有一些牢騷滿腹的討厭人士把我當成發洩的對象。」

這句話猶如一盞明燈，照亮他看待世界的視角。漸漸地，他不輕易評判他人，包容許多向他敞開古怪靈魂的心扉，讓牢騷滿腹之人將他視為宣洩的出口。或許，我們看到的只是冰山一角的言行，而非隱藏在水面之下的真實情感和需求。唯有洞悉朋友渴望被愛、被理解、被支持的需求，你才有機會讓他卸下心防，拉近彼此距離。當然，找出對方情緒的糾結點，同理他的觀點，抱持開放的心態，挖掘彼此真正的情緒和需求。用同理心讓愛流動，不斷練習換位思考，刺蝟也會變回溫暖可親的熟悉模樣。

四、誠懇道歉，修復溝通之橋：美國總統華盛頓曾言：「真正的友誼，是一株成長緩慢的植物，必須承受得起逆境的考驗。」面對關係的驟變，如果導火線是自己點燃的，或一時不小心說錯了話，或無心冒犯而傷害了摯友，那就只能誠懇地道歉，這是修復裂痕的良方，唯有真誠認錯，才能化解誤會，消弭芥蒂，重拾往日的親密無間。正如《紅樓夢》賈寶玉與林黛玉兩人的對話：

寶玉趕上去笑道：「我的東西叫你揀，你怎麼不揀？」

林黛玉昨日所惱寶玉的心事早又丟開，又顧今日的事了，因說道：「我沒這麼大福禁受，比不得寶姑娘，什麼金什麼玉的，我們不過是草木之人！」

寶玉聽她提出「金玉」二字來，不覺心動疑猜，便說道：「除了別人說什麼金什麼玉，我心裡要有這個想頭，天誅地滅，萬世不得人身！」

面對黛玉的冷淡，寶玉坦露衷曲，主動示好、致歉。他不囿於面子，率真認錯，讓黛玉明白自己在他心中的分量。適時又真摯的歉意猶如修復溝通之橋的繩索，在真誠與寬容中就能化干戈為玉帛，同時找到讓感情的裂痕慢慢癒合，尋回相互和解的智慧。

五、慷慨給予點亮友誼的燈：正如基思・法拉奇[10]《別獨自用餐》所言：「真正的社交是使別人更成功，是努力讓給予，大於索取。」做一個溫暖而充滿能量的朋友，讓摯友在你身邊，時刻感受幸福的暖流。即便籠罩在陰霾裡，心情有陰有晴，你那「發光體」般的存在，像燦陽般照拂，驅散陰暗幽微的心頭烏雲。值得珍惜的知己，需要不計代價地構築良好互動，即使對方態度冷淡，你也要主動溝通，慷慨分享，用真誠打開心結、化解矛盾。正如《小王子》提到：「如果被馴養就要冒著流淚的危險。」在人際交往中，誰不流些淚，受點傷，當你甘願成為對方的情緒垃圾桶，用傾聽或同理心療癒他的創傷，也映照自己慷慨給予的主動性與溫暖面。就像《人際關係事務所》的台詞：「我只是

10 Keith Ferrazzi，法拉奇綠訊營銷諮詢顧問公司的創建者和首席執行官，《INC.》《華爾街日報》及《哈佛商業評論》專欄作家。

覺得啊，每個人心裡頭，一定都藏著一個很重要的人，雖然他在心裡跟你玩起了躲貓貓，但最後不都希望能被找到嗎？」別讓驕傲的高牆阻隔彼此的情誼，在每段人際關係中，我們都是友誼與命運的塑造者。最終，你會明白〈手放開〉歌詞中的深意：「最後的疼愛是手放開，不想用言語拉扯，所以選擇不責怪。」原來，人與人之間存在「選擇」的權利，你的溫柔，只有真正欣賞你的人才能看見。只有學會給予，讓愛如明燈，才能照亮彼此的心房。

六、立下溝通界線，遠離人際黑洞：當友誼淪為一種工具，彼此不再是對等關係時，「你利用了我」的念頭便會滋生，衝突和緊張也會隨之擴大。就像黃啟團《別人怎麼對你，都因為你說的話》所言：「有一種人你靠近他的時候，會有一種無力感，渾身的能量不知跑哪裡去了，彷彿你遇到了太空中的『黑洞』，他把你的能量全部吸走了。」如果你不選擇遠離，很容易變成遭受不公平的對待，但又無力改變現狀的關係受害者。一如美國精神科醫師斯提芬・卡普曼（Steve Karpman）在一九六八年提出戲劇三角（Drama Triangle）理論：過度付出，淪為拯救者；過度依賴，淪為受害者；選擇逃避，則成了逃避者。在這種無法雙向奔赴的關係中，最後，你我就會走入人際的死角，你走不出來，別人也走不進去。因此，就像百歲整合醫學之母格拉迪絲・麥加莉（Gladys McGarey）在新書《人間值得》（The Well-Lived Life）中提到的：「我們必須知道，什麼會激勵我們、什麼會消耗我們，要學會立下界限。」學會劃清界線，學會說「不」，這是保護自己，也是成全無緣關係的智慧。面對人際黑洞，要學會及時止損。別讓付出變成一種負擔，別讓珍愛成為一種傷害。與其困在不健康的關係裡，不如勇敢地揮別過往，重新尋找真正懂你、珍惜你的朋友。愛終究不是一場單向的付出，而是心有靈犀的雙向奔赴。

人生猶如一場情感尋寶的冒險，我們也在人際的迷宮中摸索，有時也會頓失方向。當你發現受困於關係的荊棘處，且飽受創傷的折磨，內心常受他人時冷時暖的對待而起伏跌宕，不妨學會放下，只要竭盡全力修補破碎的心牆，就是情誼圓滿了。因為真正願意與你攜手同行的人，不會在你走近他的世界時，一再製造鐵壁冰牆，讓你飽受熱情被澆熄的痛苦，他會歡喜地讓你愉悅地走進他的人生，與之同甘共苦。人我的互動猶如品嘗五味雜陳的湯品，甜蜜與苦澀多半參雜，歷苦回甘也是成熟的滋味。

當你再次落入自我質疑的泥沼，甚至不斷反問自己：是否說錯話、做錯事時，不妨豁達地換個視角，站在對方立場設身處地去思考，就能找到問題的癥結，探尋他疏遠你的緣由。唯有真心與真心的互望互感，才能搭建起理解的橋樑，學會和對方表達內心的真意，才能在僵化的互動中注入活水，攜手踏上同行有光的旅程。真摯的情誼如一株需要悉心呵護的春華，唯有用心灌溉，才能讓它在給予和索取的平衡中，綻放出最獨特的姿態。願我們能在不斷學習、體察、真誠以待的人際互動中，找到圓融通透的人情智慧，拼貼出美好的緣分，不負此生每次的靈犀之遇。

溝通大師的心理課：如何提高自己的心理素質？

冷靜是溝通的關鍵，宛如心底的一泓清泉，映照人際溝通的每個微小的環節。在頻繁的人際互動中，唯有以冷靜之心靜觀彼此的關係，我們才能夠在適當的時機恰如其分地吐露「真言」。然而，情緒如波動的潮水，稍不留神，便會席捲冷靜的堤防。因此，建構堅實的冷靜基石，培養強大的心理素質，尤為重要。

冷靜的思緒和心態與「有效表達」之間存有密不可分的關係。因為，情緒的風暴常令人迷失正確的溝通方向，偏離理性判斷的人際軌道。唯有冷靜下來，我們才能梳理自己的想法，不致讓負面的情緒如烏雲般籠罩善意的天空，令心情颳起狂風、下起暴雨來。唯有冷靜之風能吹散情緒的迷霧，理性的語言是溝通的定海神針，有條理、有邏輯的表達，才能營造心平氣和的對話氛圍，理性之光才能再次照亮善意溝通的路徑。冷靜之所以在溝通中占據如此重要的地位，背後有著深刻的緣由：

一、**情緒會影響溝通的判斷力**：失控的情緒如同一匹脫韁的野馬，當我們被負面情緒主導時，很容易說出傷人或不恰當的話語，作出錯誤決定。唯有以冷靜之心擊退情緒的干擾，才能避免傷人的言行，讓我們能理性地思考和溝通，妥善應對關係與問題。

二、**冷靜有助營造溝通氛圍**：以沉著自若的姿態面對問題或是衝突，對方也會跟著放鬆起來，願意敞開心扉和我們進行真誠的交流。如果情緒的火焰不斷噴燒，反會將彼此的情誼燃為灰燼，關係也就岌岌可危了。

三、**冷靜有助相互傾聽和理解**：冷靜亦是傾聽與理解的良師益友。只有心平氣和，我們才能讀懂言語背後的情感密碼，體悟對方的想法，這也是建立溝通互信和達成共識的基礎。

那麼，如何執行才能夠在溝通的浪潮中守住冷靜的心緒呢？以下是五項可行的方法：

一、好好地深呼吸：當情緒的風暴猛然來襲時，深呼吸宛如一劑冷靜的良方，它有助於緩解緊張情緒，讓心靈重返寧靜狀態。此刻，你不妨先閉上眼睛，好好地深呼吸幾次，讓吐納的節奏帶領我們找回情緒的平衡。

二、嘗試換位思考：換位思考是理解的鑰匙，試圖同理對方的立場和感受，就能開啟通往他人內心世界的門扉。站在對方的角度審視問題，設身處地感受他人的處境，有助客觀地看待問題，讓冷靜之光乍現。

三、退出溝通的戰場：如果發現自己無法控制情緒，不妨提議先暫停對話，離開情緒的熱區，讓炸裂的感受暫時中止，給予彼此冷靜的空間，等待心情風平浪靜後，再重新開啟溝通的管道，避免衝動之下說出或作出無法挽回的言行。

四、表達感受，而非指責：多使用「我覺得……」＋正面觀察、「我感到……」＋正面情緒等句式表達真實的感受，而非用「你總是……」＋負面歸因、「你從來不……」＋負面情緒等字眼指責對方。這種溫和表達內心想法的方式，更容易讓對方接納意見，化解矛盾的情緒。

五、尋求彼此的共識：在溝通分歧的迷宮中，保持冷靜是掌控溝通全局的關鍵，若能著眼於雙方的共識和目標，有助於營造合作的氛圍，在目標一致的路徑上攜手前進，齊心找到制勝的法則。

以冷靜之眼靜觀人情，以智慧之思覺察人心，需要「刻意練習」以提升內在的心理素質和情商。只要內心強大，面對衝突就能泰然處之，從容應對溝通中的各種問題與挑戰。相信透過持續的自我修練和生活實踐，就能成為溝通的箇中行家，在人際溝通的海洋中揚帆遠航，抵達理解與同理的彼岸。

一如 AI 界教父級人物黃仁勳，在工作與人生態度上都展現非凡的高度和冷靜的 EQ。即便面對突如其來的危機，甚至是失敗的陰影，依然保有內心的安定與從容。那麼，他是如何做到的？黃仁勳曾說：「Nvidia 的性格就是發明未來。我們是作夢的人，我們是發明者，我們是開創者，我們不在意失敗，不在意浪費時間，我們就想創造發明新東西。」面對現實的考驗，突發的狀況，甚至是失敗的試煉，黃仁勳不斷培養強大而有韌性的內心，讓他在逆境中淬煉出冷靜處世的智慧。

在創業的道路上，他曾遭遇「充滿羞辱的失敗」，甚至瀕臨倒閉的邊緣。當黃仁勳深陷合約執行和公司倒閉的兩難境地時，選擇冷靜地面對現實，誠懇地向 SEGA 坦言困境，請求 SEGA 支付全部款項協助輝達度過倒閉的危機。他沒有被恐懼和絕望所吞噬，憑藉冷靜的溝通，讓 SEGA 同意他的請求。當時，SEGA 前執行長入交昭一郎先生被他的冷靜態度與誠懇打動了，他表示：「我信任黃仁勳，並想要幫他成功。」黃仁勳試圖讓對方理解自己的困境，並勇敢尋求入交先生的幫助：希望對方能接受輝達的請求，並訂出六個月的時間，以期讓公司營運有機會能谷底翻身。

面對困境和危機，黃仁勳冷靜下來，每日追尋內心的信念，客觀地分析形勢、理性地尋求出路，帶領團隊全力以赴，把握轉機，讓公司憑藉第三代顯示卡一戰成名。面對痛苦與磨難，他以冷靜的頭腦與非凡的品格去克服苦難，砥礪前行，也說出對成功的獨到見解：「受苦 (suffer) 的重要性。」就像黃仁勳說的：「用最大的精力，把最小的事情做到極致。」這就是他冷靜思考下對卓越的不懈追求，每一個細節都不放過，每一個環節都精益求精。黃仁勳內心的安定，讓自己有能力找出解決之道，且勇於面對苦難與挫折，在逆境中創造屬於自己的人生傳奇。

因此，冷靜的思維讓我們能以沉著的姿態面對問題，以睿智的眼光洞悉全局，撫平起伏情緒的皺摺，讓心靈重返寧靜。同時，理性思考讓你了解對方的請求與想法，你的語氣自然繚繞春風化雨的溫潤，彼此的溝通如善意的馨香，播散情誼的芬芳，最後你就能輕鬆地和對方表達你真正的需求，達到有效溝通，如此一來方能心如止水，運籌帷幄、決勝千里。

當我們面對性格的差異、價值觀的碰撞，乃至面臨關係的危機時，不妨以《非暴力溝通》提出的四個步驟——「觀察、感受、需要、請求」，作為冷靜思索、內心安適的指引：

一、以客觀、中立的態度去觀察：觀察的精髓，在於如實地呈現事物的原貌，而非對其加以評判。觀察的重點在於描述動態性的事實，而非靜態的評論，避免帶有個人情緒和強加於人的主觀臆斷。比如：與其武斷地說「你的學習方法有問題，即便每天埋首書本三小時，成績依舊不盡如人意」，不如客觀地陳述：「我注意到你每天都學習到深夜，時間長達三小時，對此你有什麼想法？」前者飽含主觀的批評和負面的預設，後者則是中立的事實描述，給予對方表達看法的空間。唯有學會在觀察中去除個人偏見和情緒濾鏡，我們才能在溝通中減少誤解的風險，傳遞更加清晰準確的事實訊息。

二、真實地表露內心情感：感受是面對各種人生境遇時，真實純粹的情緒體驗，不需要經過大腦轉譯、不參雜個人觀點。當你表達感受時，可以借助一份「感受詞彙表」，如：「喜悅」、「感恩」、「憂慮」、「失落」等等，來描繪內心的情緒刻度，避免用直截了當的使用「我感覺、好像、可能」等容易引起混淆的字眼。與其說「我感覺同學在排擠我」（想法），不如說「我感到很沮喪」（感受）。前者表達的是想法，後者傳遞的是感受，釐清感受和想法的分界，坦然地表達自己的真實情緒，有助於他人的理解和支持。一如美國心理學家梅樂妮・喬伊（Melanie Joy）在《關係免疫力》中提到：「進入一段關係時，作出承諾、維持彼此的安全感，是雙方都同意的『協定』。這種『協定』通常不會明講出來，但雙方都預期對方會做到。」因此，保持內在的穩定情緒，建立理性溝通的橋樑，方能讓兩顆心靈相互信任與交託。

三、清楚地傳達內在需要：唯有自己的需要被滿足了，我們才有餘力去回應他人的需要。在溝通中，我們常常忽略要清楚表達內在的需要，或是只期望對方主動讀懂我們的心思與想法，這樣容易導致相互誤解。一如金慧伶《我的心也需要呵護》提到的：「無論如何，我們首先應該接受我們唯一真正能控制的，只有『我』。嚴格來說，不是我，而是我的『大腦』，還有我的『心靈』。」這段話讓我們知道：所有關係中，許多事情是我們不可控制的，唯一能改變的只有「自己」。即便親密無間的知己，也沒有能力去預測我們的需要。唯有冷靜能直接清楚地表達，傳達內在需要，讓我們能關注和滿足他人的需要。

四、正面、具體地請求：有效的請求是使用正向、積極、明確、具體的語言來完整地描述感知的需求，讓對方明白我們期待的行動是什麼。與其說，「我不喜歡你用這種語氣和我說話」，不如說，「當我們討論這個問題時，你可以用更加平和的語氣跟我溝通嗎？」模糊、消極的請求常常事倍功半，不如正向、明確地指引對方，使其明晰自己需求的是什麼。同時，請求是建立在尊重和理解彼此感受、需要的基礎上，而非帶有批評、責備的意味的要求。專業諮商心理師林萃芬在《鍛鍊心理肌力》一書中提到一個令人印象深刻的危機處理事件，一架西南航空班機在空中飛行時，發現發動機爆炸，女機長舒茲鎮定跟塔台通話的過程，展現了最強的「心理技能」。她不只臨危不亂，而且具體、正向地提出請求，發揮控場的專業，帶領全部的人平安降落，這正是冷靜力量的真實體現。

日本著名企業家稻盛和夫曾說：「每個人都有情緒，但能否控制好脾氣，理是至關重要的。當遇到不如意的事情時，與其怒氣沖沖，不如先冷靜下來，理性思考。」即便置身危機四伏的處境中，透過非暴力溝通的四個步驟，就能以超然物外的目光審視大局，真誠地表達內心的喜怒哀樂，清晰地傳遞自己的內在渴望，以積極、明確的方式表達請求，建立相互尊重、彼此理解的關係，拂去誤解的塵埃，創造更冷靜的人際關係和體驗。

冷靜為我們打造強大的心適力，它讓我們發現：理性的溝通是自我成長的機會；善意的互動，亦是靈魂相遇的美麗。只要提高心理素質，就能找到溝通的真諦，建立冷靜的溝通方式，領悟善意人生的奧秘。同時，冷靜是需要不斷學習和實踐的過程：每一次真誠的對話，都是心靈的交響；每一次平和的情緒，都是梳理糾葛、同理他人的善意。唯有不斷鍛鍊內心的韌性，用冷靜的力量專注於可掌控的事情，撫平情緒的創傷，修復關係的裂痕，才能在人際互動中遊刃有餘。就讓每次坦誠的溝通、冷靜的分享，為我們建立穩固且富有彈性的人際關係，開創獨特的溝通新局。

CHAPTER 5

循環善意

打造共好的溝通環境

在這個善良似乎被低估的年代，我們需要慷慨的感染力，讓善意如漣漪般泛起，溫暖世界每個冰冷的角落。記憶中，家境最窘迫的日子，善良的菜販總會在結帳時，默默地塞給母親一大包豆芽菜。她的舉動飽含著體貼的溫柔，從不張揚的慷慨，給了當時貧困的我們被施予的尊嚴與因無私而漫溢的愛。在善意共好的環境中，一個舉動、一句話語，就能燦亮我們艱難的日子，也在我的心田栽下向善的種子。

後來，家境漸漸好轉，母親依然習慣光顧她的攤位。懷著感恩的心，母親從不討價還價，甚至會自帶禮物去回贈菜販，希望讓她感受到我們內心誠摯的感謝之情。菜販之於母親，母親之於我，我之於學生，發自內心的善意猶如一棒傳一棒的善意接力賽，我們學會低調行善，不求對方答謝，我們是打造共好溝通的善意集團。

當你替他人做件好事之後，看到別人臉上泛起滿足的笑靨，雙方都走進了愛的循環圈，也如諺語所說：幸福的秘訣在於助人。作家克里斯・安德森《慷慨的感染力》中提到：每個人的內心都存在兩種本能——渴望幫助他人，就像孟子提及的「人性本善」；還有，一般人看見慷慨行為會想要仿效，這是見賢思齊的仿效心態。這也是慷慨的巨大力量，它能驅散冷漠與愁苦的陰霾，如同幸福的源泉，總是讓感動瀰漫人間。

善意，是我們希望永遠不會痊癒的美好「病毒」

在TED的一項神秘實驗中，當受試者收到三十萬元的捐贈，他們並沒有自私地獨享，而是想要與親友分享，或轉捐給需要幫助的人。這個實驗告訴我們：

世界本就充滿善意，是我們低估了人性的善良。同時，每個微小的善舉都能引發連鎖反應，激勵更多人加入慷慨的行列。但願善良是一種可以感染他人的力量，也是我們希望永遠不會痊癒的美好「病毒」。這個例子讓我想起，有次我讓學生進行「畫中有話」的寫作練習，一位平常很少專注投入的學生，展現了不凡的繪畫成果，讓我忍不住地誇獎他：「仔細地觀察你的圖畫與文字，我才發現每個人物的線條都唯美細緻，每個表情都有其存在的意涵，你的畫筆賦予他們獨一無二的生命力。」孩子猛然抬頭望著我，溫暖的眸光也像照耀我教學靈魂的陽光，如此明亮溫煦。過去，我是內向自卑的孩子，老師陪伴我走過孤獨的時光，給我勇氣去面對生活的挑戰，老師傳遞給我的善意力量，我也想轉傳給每位孩子。因而，只要走進課室，我就希望能替孩子營造一間有溫度的教室。無論昨日歷經光明、黑暗、憂愁、美麗的各種遭遇，來到這裡，學生都能置身於輕鬆愜意的學習氛圍裡。與孩子們溝通必須讓善意的話語直達心坎，而教學更不應該是枯燥乏味的知識堆砌，而是一場生動有趣的生命探索之旅。語文不只是為了應付升學考試的學科而已，它更是讀懂自己，與人溝通，連結世界的渠道。我曾在孩子的畢業題詞如是寫道：「從文字中找到讀懂人性的鑰匙，學著理解自己的喜悲，思想的提升讓我們成為更好的彼此。」課堂不該是冷冰的知識傳授，這裡更是靈魂與靈魂的凝視與真情的對話處。

當學生遇到升學、考試的壓力，人際的窒礙，我願以等待孩子歸來的心情，鼓勵每位學生無所畏懼地在人生的道路不斷前行，並讓他們的心靈盈滿感恩和喜悅的涓流。

曾遇過一位高敏的女孩，因為無法達到父母的期望而自卑、自棄，甚至把姊姊當作假想敵，她誤會父母只關心成績優異的姊姊，卻從不在意她受挫的情緒。父母偶爾無心的話語，如同一把利刃，深淺不一地刺向女孩脆弱的心靈。她孤伶的身影常在圖書館穿梭，有時候還會靜默地望向某一隅，傷感地流著淚。沒有一個人想要被喜歡的人遺棄，被在乎的人厭棄。後來，我終於找到一個機會能與她分享青春期的經驗，我曾因誤會父親的諸多瑣事而多年決絕以對。如果，我們什麼都不說出來，即便親如父母也無法參透我們的幽微心事。同時，我也鼓勵她主動讓父母知道自己的獨特之處，由己身開啟善意溝通的第一步，就能讓停滯的愛有流動的可能。妳可以溫柔地對母親說：謝謝媽媽歷經生產的痛苦，許我一個嶄新的生命，讓我體驗精采無比的人生，即便我是如此平凡，卻又是如此幸運，可以成為你們的女兒。這些話語如同一股善意的暖流，必然會融化母親內心的情感冰山。我們同理父母的不善言詞，也能促使他們開始反思自己的教育方式，學會站在女孩的角度去理解她真正的心情。後來，我發現：女孩的身影不再徘徊於圖書館時，我知道家人的愛，讓她找到了幸福回家的道路，正如維琴尼亞・薩提爾[11]所說：當我們學會彼此欣賞、彼此尊重，我們就能真誠地交心，豐潤彼此的生命。女孩和家人學會用善意去溝通，用愛去理解，這必然是家人共處最美麗的風景。

正能量的工作環境，必須從自己做起

韓劇《未生》的戲名來自圍棋術語，指的是還未分出勝負棋局的棋子，它們都稱為「未生」。這齣是極具反思的職場寫實劇，讓你明白：「有些事情，光是用自尊心和傲氣，是無法越過去的，所以儘管不喜歡，有些事是不得不做的。」猶記那天，大家忙到分身乏術，活動一場接一場，大家連喘氣的機會都沒有。中午，一群人搶出時間，急著去布置會場，豈料忙中有錯，大家都沒帶電梯卡，有人手上拿著大包小包，有人扛著重物，熱汗直流。天氣溽熱，事情繁雜，大家都有股火氣即將爆發的前兆。到了會場，大家才發現，原本說好要打掃環境的夥伴竟然忘記履行了。環境凌亂不堪，有人忍不住板起臉，嘟囔著：

11 Virginia Satir，美國家庭輔導工作者、教師、社會工作者，開創「薩提爾模式」，對家庭治療領域影響甚深。

「我應該中暑了，我覺得眼前天昏地暗了！」

過去做事的經驗提醒了我，數落、生氣、究責都不是這個節骨眼該做的事。我默默拿起掃把，動作迅速地開始掃地，然後，提起一個桶子裝滿水，開始捲起袖子擦桌抹地。同時我也先支開情緒特別低落的同事，請他們先去 7-11 喝杯思樂冰再回來工作，順便也幫大家帶幾杯沁涼冰品，這些費用就由我來買單。

一如張克萊在劇終說道：「路是為了走出去才開創出來的；雖然開放給所有人，但並非每個人都能踏上那路。」事情不會因為抱怨就變少，事情只會在一件件解決後，才會變得輕鬆。同時，塑造互信、高效、正能量的工作環境，必須從自己做起，善意溝通聽起來容易，踐行起來卻是硬底功夫。同事看到我雲淡風輕的處理事情，也就紛紛卸下緊張的情緒。主管帶人也帶心，摸透每個人的性格，就能真誠相待，知己知彼，一起留在職場上，把我們的棋局善意地「完生」。所以，關關難過要關關過，面對困難，找到突破點，順勢而為，不僅能營造和諧的工作氛圍，也激發夥伴的潛能，凝聚團隊的力量，善意就會如漣漪般擴散，也能把正能量感染整個團隊。

年輕的我，在人員的管理上，也曾面臨過他人的質疑和擔憂，但我沒有強勢地想要改變他人的思考，而是耐心地用做事的績效去化解他們的疑慮，曾經一起吃過苦的夥伴，才能建立起心與心聯繫的橋樑。用歡樂與笑語取代壓抑沉悶的氛圍，才能激發彼此的創造力和工作熱情。因此，在業務的推展，我的用人智慧就是各展長才、適得其所，各自美麗：活潑的同仁可以擔任主持工作，或是讀書會主持人；內斂的同事就辦理靜態布展、郵件往返。只要站對舞台，每個人都可以發光發熱，成為主角。同時，我把掌聲留給辛苦做事的同仁，恪守初心、永不言棄的態度，也是我在職場秉持的信念。當然，人生職場如同《西遊記》的取經之路，即便沒有掌聲，也要選擇做對的事。你可能是清高善良的唐僧，也可能是勇往直前的孫悟空、腳踏實地的沙悟淨、八面玲瓏的豬八戒。每個角色都很重要，也都有自己要修練的善意課題。

順境不忘謙卑，逆境不忘底氣，任何艱難都如《低谷醫生》提到的：「在絕望的處境中，總會吹來一陣微風。」做為主管，就要當那拂面的微風，讓他們被工作壓到喘不過氣時，也有可以喘氣呼吸的時刻。工作的挑戰無法避免，但有善意的支持，取經之路即便出現坎坷、重擔、困難的時刻，在友伴的護持下，最終，都能循序漸進、水到渠成，看到善意的成果。

從無能為力，到慢慢地長出了勇氣

擔任班導時，有位常坐不住的孩子，有時候轉筆，有時候找人聊天，有時候還會和我攀談起來。教學經驗告訴我，他可能是有 ADHD（注意力不足過動症）傾向的天使。但，這類孩子需要的學習方式和一般人不同，我得要多試幾次，多花點時間和耐心。有次，我和他說話的時候，他的情緒起伏很大，突然對我怒吼：「不要碰我！不要碰我！我討厭妳！我討厭妳！我討厭你們……」

同時，他還用手拍打我的手臂。我提醒孩子，是不是忘記要吃藥了？要不要看一下藥袋，還是要到輔導處去找老師聊聊？在他出去透氣時，我也希望同學對他要多些同理與關心，我也提醒自己，任何的善良都要從自己做起。

當他精力旺盛時，我誇獎他：你的眼睛閃爍著對世界的好奇。當他喃喃自語，我會在下課問他：要不要再說一次？我對他的表達內容會表現出十足的興趣。我相信，只要給予適當的引導和支持，他就能夠在晚熟的成長節奏中找到韻律。我必須以愛心和耐心去了解他的內心世界，去發掘他的優勢和潛力。我可以為他創造一個安全、包容的學習環境，讓他感受到被接納和重視的善意。同時，我也鼓勵他，多多表達想法和感受，適度引導他學會尊重他人，展現善意，與同學們建立友好的關係。有次聖誕節，他把父親從國外帶回來的糖果分送給我們，甜甜的糖果代表他慢慢敞開心扉，我們不再是他最熟悉的陌生人了。

年輕的孩子猶如一葉扁舟在廣袤的海洋中航行。正值青春期年歲的學生，對未來的方向尚在探索和尋找，迷茫和不安是常常會有的情緒。面對活潑好動的孩子，我們可以引導他們將旺盛的精力轉化為學習的動力；安靜內向的同學給予更多肯定和鼓勵，幫助他們建立自信。記得剛擔任班導師，班級公約是全班一起制定的，鼓勵學生換位思考、體諒他人，在分歧中尋求共識。班上也有小天使制度，讓同學都有機會在別人的需要看見自己的責任，記得有一位調皮的男孩，擔任衛生股長之後，不只收斂他的調皮脾性，對每個人的工作分配都極為公允，同時，他常常幫遲到的同學補位打掃，也讓守時的同學可以免除下午的灑掃。當我們大人願意相信孩子的能力，展現對他的信任，並以鼓舞的口氣去陪伴他們，我們簡單的放手，讓他們從無能為力到慢慢地長出了勇氣。

生命的運氣是因為你的持續努力

日日在臉書分享好書的習慣，也讓我串起許多文字善意的緣分，原來，生命的運氣是因為你的持續努力，原來上天不會特別眷顧誰，所有的幸運都是因為你願意付出加倍的努力。在我氣餒的時候，作家黃光文告訴我：我們再逼自己一下，妳會知道自己有多強；在我都不相信自己的時候，作家劉駿豪特別替我打氣：他的筆記書寫是我另類的原子習慣實踐見證，你是我的原子習慣教練；作家廖泊喬要我為忙碌的生活按下暫停鍵，一起享受閒適的流光，那是現世安穩的小確幸；作家蔡淇華以書會友，為我留下動人的筆墨：一起以文字為杖，行至生命故事開始的地方！在委靡心累之際，作家城旭遠鼓勵我繼續創作，因為我們都要慶幸，還有寫作這個選擇，文字總是多情地擁抱著我們。

我相信，每次人情互動，都是展現內心善意的機會。我深信，在互相扶持的人情氛圍中，雜亂入空無。這些年，善意的回饋總是不早也不晚，總是那麼剛剛好。家人的忠實相依是善意的提燈人；孩子的信任讓你成為他成長路上的引路人，說一句好話，讓身邊的善意擴大，你是同事職場上的一盞微光。如果說，要有一個人去點燃善意的火苗，我想那個人就是——你和我。

他為何這麼討厭我？如何防範網路上的惡意語言？

處於社群網路的時代，虛擬世界呈現出人性的光輝，也反映著人性的暗黑。自媒體盛行的時代，Netflix《絕世網紅》不僅是引人入勝的懸疑劇，也對當今網路文化：八卦、醜聞、霸凌，以及由此引發的自卑心理進行探討。主角徐雅莉的故事，凸顯網路善意的迫切需求。在網路世界，每次互動、每則評論都可能對他人產生深遠影響，惡意的攻擊或不實指控，有時比指著對方鼻子指責還要讓人痛徹心扉。同時，誤導或散播不實的信息猶如黑粉的獵弓與網路霸凌的利劍，狠狠地揮向我們的心房，任何人都難以承受也傷痕累累。

猶記有位在職場初試啼聲的朋友，熱中於在平台分享自己獨到見解與學習心得。有天，他一則新穎觀點的貼文卻意外引發了軒然大波，不只湧入大量批評聲浪，還有譏諷他的見解力，有人甚至還無端發起人身攻擊，說他不適合在平台進行任何發言。這股負面風潮迅速蔓延，惡意私訊接踵而至，更有人循線至他的個人社群帳號，留下令人不堪的侮辱性評論。朋友深受打擊、十分沮喪，不只關閉了所有網路平台帳號，現實生活的人際互動也受到嚴重影響。眼見好友陷入人際困境，我們決定採取行動，展開一場暖心的「搶救計畫」。我們在平台為朋友發聲，不吝給予實質讚美，同時，透過照片展示他的專業能力與樂於助人的美好形象。漸漸地，輿論開始出現轉向，越來越多人學會以友善、建設性的方式表達支持。

這場風波不僅讓朋友重拾信心，更喚起朋友圈對網路互動文化的反思：在享受網路便利的同時，更要珍惜每次互動的機會，營造平台良善的互動氛圍，維護基本的網路禮儀，展現相互扶持的同理心。虛擬的網路世界，本應連接人心之善，促進交流的積極力量，如何透過文字呈現真誠與真心？在面對他人無情的網路文字傷害，我們又該如何自處與自保？我想，維護尊嚴的同時，必然要展現網路上文字連結的善意，不落入口舌之爭的泥淖才是正道。

身處教育現場，我曾目睹一個令人心痛的場景：一位平日正義感強烈的女孩，竟因一則毫無邏輯的批評貼文而飽受網路洗版之苦。當彼此目光相遇時，我看到她飽經煎熬的臉龐，紅腫的雙眼透露出她曾為此流淌過無數傷痛的淚水。

我第一件做的事，就是給這位身心受創的孩子一個溫暖的擁抱，然後輕聲說道：「親愛的，老師完全理解妳此刻的心情和痛楚。但請不要讓那些非理性的惡言惡語成為妳心靈的枷鎖。此時此刻，妳有權利生氣，可以讓淚水盡情傾洩，也可以對這世間的不公不義感到憤怒。然而，更重要的，是要好好呵護自己的心靈，療癒那些受創的傷口。」

我繼續柔聲開導她，幫助她穩定情緒：「我們不能對這種網路暴力袖手旁觀，讓施暴者逍遙法外，更不能坐視其他人遭受同樣的苦楚。那些無的放矢的中傷和隱匿的攻訐，都違背了善良和良知的做人原則。除了尋求法律的保護，我們還需要理性地切斷傷害的源頭。」

同時，我語重心長地說：「讓我們共同努力，將這次的劫難轉化為善意的起點。這不僅是為了妳自己，也是為了大家創造一個更理性善意的網路環境。記住，妳並不孤單。我們會和妳一起面對這個挑戰，一同努力讓網路世界變得更加友善和正義。」

這番話不僅是對那位女孩的安慰和鼓勵，也促使我在班上進行對網路使用者的溫柔喚醒：「我們每個人都有責任維護網路言論的友善空間，用同理心和善意來對待他人，共同締造一個互相尊重、彼此理解的數位世界。」

我認真地對學生說：「面對網路霸凌，你當然可以探究發文者的起心動念，如果是無知或一時貪玩，不是出於惡意，究竟要寬恕原諒或對簿公堂，端看我們心中善良的那把尺，但，善意的最終底線不是每個人都能輕易踐踏的。」

同學們紛紛低下頭，彷彿在深思自省，我窺見女孩的眼神逐漸堅定，一開始的恐懼與不安也漸漸雲開霧散。後來，我鼓勵她勇敢發聲：我們可以選擇揭露事實真相，也和社群平台的朋友娓娓訴說自己歷經的苦痛。暴力絕非面對問題的選擇與答案，但沉默隱忍更不是面對惡意的良策。

我們要深刻反思：網路自由表達的言論疆域有多寬廣？他人隱私與情感的抒發該如何平衡？隔著螢幕，在鍵盤另一端打字的我們，每個字都必須是慎之又慎的發文。我嚴肅地說：「你一次輕率的發表，延伸而來的可能是他人終生難以彌補的生命傷害。惡意的玩笑、不經查證的轉貼，都可能在無形中刺痛他人的心扉，造成終生無法彌補的情緒陰影。」

有位女孩若有所思地說：「老師，網路發言更應心存善念，畢竟它傳播的速度就是分秒之間，我們要讓文字散播人間的溫暖，泛起愛的漣漪，文字不是製造對立、仇怨，而是創造生命善意的美好流轉。」

我想，從惡意為起點的網路風波，最後能以善意劃上句點，是我們最希冀的事件發展。網路世界雖然帶來便利的溝通，卻也暗藏著溝通的亂流。在社交平台上，我們的言論絕非自己興之所至的情緒抒發，而應該是經過深思熟慮的智慧結晶。即便面對惡意的攻訐或批評，也要保持內心的冷靜與理性，而非陷入無謂的「口水」漩渦。

尤其，當網路平台儼然成為作家與讀者互動的重要媒介，它讓我們得以跨越時空的藩籬，交流更加頻繁而密切。透過每個鍵盤敲擊的聲響，我們得以擁有心靈交流的機會，讓彼此的想法與情感可以相互傾聽。大多數的時候，我與讀者的交流都是充滿善意與溫情的，讓人感到欣慰與窩心。

平日，我在經營社群平台時，都時刻謹記：文字如晨曦，應是照耀心田的燦亮，我們可以多談論反求諸己，進修精進的議題，同時，不要追求人氣流量，刻意用標新立異的風向球，挑起敏感或容易引起爭議的話題。最重要的是，我們應當如同慈悲的智者，慎重地斟酌用詞，避免成為他人偏執的推手。那些不加求證的貼文，絕對不能轉貼分享，一如孔子的睿智之言：「不患無位，患所以立；不患莫己知，求為可知也。」經營社群平台是一門高深的藝術，因而，立身之本在自我的善良，而非他人的評價。我將自己的社交平台定錨為一塊知識的綠洲，提供優質的書籍確立善意的互動，吸引志同道合的朋友共聚一堂，在網路暢談文字啟迪的力量，生活吉光片羽的美麗片刻，彼此享受社群的善意氣息如滾雪球一般，正能量越滾越大，成為數位世界裡疲憊靈魂歇息和充電的樂土。

記得有次，我分享關於「真正朋友」的感言之後，讀者們紛紛留言回饋我：「喜歡那些還沒和他說再見，就開始想要再見面的好朋友。」「真正的朋友就是每天早上看到你們就好開心哦！」「真正的朋友真的很難得，不管發生什麼事，都能互相諒解，這才是知己。」字裡行間流露出他們對友誼的珍視與感恩之情，讓我讀來備感溫馨。

還有一次，我談到教育的意義。讀者們也慷慨分享他們的成長故事與心路歷程：「教育是一生懸命，這種使命感與信仰，會召喚全宇宙的力量一起來幫你！」「學生時期的我總是內向自卑，不曾被看見，懷疑自己的價值，萬萬沒想到，有一天我也可以站上舞台，接受孩子們仰慕的眼光，教導知識與處事之道，成為年輕生命中的重要他人，甚或影響另一個人的人生。很慶幸這輩子能從事利他的工作，看到被自己拉拔過的孩子長大成人，看見每個生命發揮了無限潛能，內心充滿感動，雖偶有挫折也充滿挑戰，但我還是愛這份工作，謝謝怡慧老師的鼓勵！」這些真摯又充滿力量的話語，讓我再次感受到教育的力量與永恆的價值。

甚至，連馬來西亞的莊琇鳳校長也留下了鼓舞人心的評論：「看見自己，給自己發光溫暖孩子心靈的力量，你會看見教育的美！怡慧，謝謝妳成為獨中課程改革的領航者。我們有妳，真幸福。」這樣充滿善意的交流，讓我感到無比幸福與滿溢著感謝之情。

或許，改變世界的力量就藏在我們每次真誠的敲擊聲中；或許祈願美好未來的種子，就茁長在我們每次心靈的交流中。善意的網路讓我們得到超越言語的文字力量，成為傳遞真善美聖的重要媒介。身為一個作家，我由衷地感恩網路時代賦予文字真情相對的機緣。

某天和一位作家朋友用餐閒聊時，見他眉頭緊鎖，彷若心事重重。原來他最近遇到一些網路社交平台互動的棘手狀況。有位讀者，常在好友的留言區發表牛頭不對馬嘴的回應，同時，也會提出一些涉及私領域又難以回答的問題，讓作家好友面對他的提問如坐針氈、進退兩難。

面對詭譎複雜的人際局面，我先傾聽他的為難與委屈，同時，希望他能保持內心的冷靜與應對的理性，學會明確劃出界線，適時表態與劃出關係的底線：「作家與讀者之間，適度而真誠的互動與交流是美好的事情，但一旦涉及私人領域，雙方就得小心翼翼，謹慎以對了。」

我真誠地提供身邊朋友自己的思考：「即便是生活的知音摯友，也要保持應有的距離，過與不及都不是恰如其分的行徑，同時，過度的要求與逾越的行徑，只會淪為一種變相的情感綁架，讓原本純粹的文字交流失去應有的分寸和善意的底線。」若對方做出不理性甚至偏執的舉止，那更是人際的危險信號。這也提醒我們：必須果斷地斬斷不健康的牽絆關係，並以善意但堅定的方式給予對方必要的互動提醒：

1. **以文會友、專注共鳴：**將平台交流設定在文學創作與觀點討論的範疇內，用文字鏈接心靈層面，以文字碰撞思想的火花，不涉足過多的私人話題，也不將互動延伸到文字之外的人際往來。

2. **樹立原則、不失善意：**一旦對方有逾矩的言行，就要立即表達內心的不適與不悅。但表達方式要善意坦誠、不帶攻擊性。必要時，可懇切地婉拒對方無理的要求。

3. **行止有度、各自精采：**如果對方置勸告於不顧，繼續做出非理性、甚至帶有威脅性的言論，那就要毫不猶豫地與之保持距離。每個人都有追求自我生活的權利，無須為他人的偏執買單。

4. **攜手同行、共創美好**：倘若對方的行為已經嚴重干擾現實生活，一定要第一時間尋求身邊摯友的援手，大家集思廣益、共同應對。畢竟善意的力量總能解決困難，帶來和解的契機。

5. **不改初心、常存善念**：不要讓個別讀者的偏激言行動搖自己散播善意的決心。相信絕大多數的讀者都是友善而真誠的，我們要以平常心看待這些波瀾，用智慧應對衝突，相信絕大部分的互動都是溫暖有情的心靈交集。

身處AI時代，讓我們在現實與網絡的交會處，找到自在與安適的相處之道，讓網路的文字成為心靈相契的密碼，在字裡行間醞釀成愛與希望的祝福，正如亞里斯多德所說：「德可以分為兩種：一種是智慧的德，另一種是行為的德。前者是從學習中得來的，後者是從實踐中得來的。」當然，生命注定有缺憾，我們要讓淡定的心拂去網路霸凌內心的塵埃，處在真實與虛擬交織的世界，我們也要培養自己的心理素質與抗壓能力。沒有人能倖免於被議論的宿命，但我們可以選擇樂觀與積極地面對。遭逢非理性的言論，適時的保持沉默，此刻冷靜的無聲勝過千言萬語的反駁，同時避免激化彼此的情緒。所謂「言多必失」，秉持低調做人，盡量少提自己的功勞；高調做事，讓學校、學生、朋友的善行盡量被放大、被看見，當我們擁有更大的發言權時，也有義務要維護網路空間正向的發展與善良的流轉。

在鍵盤與屏幕間，我們的書寫無懼流言蜚語，蘸上善意的文墨書寫人間有愛的故事，就能更舉重若輕地面對與平衡黑暗的時刻。就讓我們積極營造相互尊重與包容、彼此信任的社交平台，以溫柔的互動點亮網路世界互動的每一個角落吧！

與其偽裝，不如讓自己成為更好的人

在這個詭譎多變、競爭激烈的世界裡，許多人都沉溺於追求完美自我形象的漩渦中。然而，那看似符合世人期待的頭銜，終究未能帶來生命的真正躍遷。唯有源於內心那股溫暖而強大的善意，才能賦予我們持續自我提升的力量。我常想：人生猶如一場漫長的探險，每個轉折都蘊含著自我提升的契機。正如張愛玲所言：「在人生的路上，有一條路每個人都非走不可，那就是年輕時候的彎路。不摔跟頭、不碰壁、不碰個頭破血流，怎麼練出鋼筋鐵骨，又怎能瞬間長大呢？」這些跌跌撞撞的經歷，那些磕磕絆絆的時刻，都是生命賜予我們的珍貴禮物，也是提升他人好感度的寶貴機會。它讓我們深刻體會到：為何有時會因無心、無意而得罪他人？又為何有時會徒勞無功地讓自己心力交瘁？

慢行在自己生命的長廊，家人的身影猶如善意的星光，柔和而堅定地指引著我前進的方向。正如智者達賴喇嘛所言：「寺廟沒有必要，複雜的哲學也無需。我的大腦及我的心靈即是我的寺廟；我的哲學即是仁慈善良。」這番話如清泉般滌清了我對生命奧義的理解。當我們以善意之心對待他人時，我們不僅也吸納了他人的善意，更在為這個世界擴張更廣大的善意圈。

我永難忘懷外公賜予我的生命智慧。有次，他遭遇昔日好友的無情背叛，甚至因此陷入債務困境。當周遭的人義憤填膺、口誅筆伐那位「負心」的朋友時，外公卻以一種超然的態度，幽然地說：「如果他可以選擇，他也不會選擇要傷害別人。他是走投無路，才會做出這樣的事，他其實是一個無『歹意』的人。」外公的這番話，如一道光芒穿透人性的陰霾，展現他對世間百態的深刻洞察和對人情無邊際的寬容與良善。

外公宛如一台容量無限的「善意接納機」，以他獨特的方式演繹著善良生命的故事。他總是將心比心，真摯待人，以自在灑脫的姿態面對人生的起起落落。這種發自內心、毫無矯飾的善意，成為他品格中熠熠生輝的印記，也成為我善意旅程中的引路人。

年少輕狂時，我曾誤以為像外公這般純粹善良的人實在傻氣且容易受欺。然而，歲月的淬煉讓我逐漸領悟到善意的真實力量。外公播下的善意種子，如春日細雨，滋潤周遭無數人荒蕪的心田。每當我身陷生命困局，總能感受到來自四面八方的善意援手。原來，成為外公孫女的親情緣分，讓我領受到世間最慷慨、良善的禮物。這印證德蕾莎修女那句發人深省的箴言：「我們都不是偉大的人，但我們可以用偉大的愛來做生活中每一件平凡的事。」

受到外公無聲卻有力的身教影響，我將目光投向更廣闊的善意天地。工作之餘，我常利用假期帶領學生參與偏鄉服務的工作，策劃多項與社區相關的公益活動，也關注國內外熱議的社會話題，利用思辨課程的引導，讓學生能有意識地為這片土地貢獻自己的綿薄之力。在教與學的過程中，深刻體會到：與其耗費心神維持虛假的完美形象，不如將心思與力氣用在對的地方，蘊含內心真正的善意，進而成為讓人尊敬且更好的人。

在推廣閱讀的過程中，有次我和團隊在爭取「新北教育創新加速器」的征途中披荊斬棘著。每日我們的辦公室宛如充滿創意與教育的孵夢所，牆面上貼滿五顏六色的便利貼，密密麻麻地記錄著閱讀與科技碰撞的靈感火花，每張便利貼都好像是守護丹鳳閱讀的夢想拼圖。

每次向評審匯報修正後的提案時，內心都經歷一場自信的嚴拷。正如愛迪生所言：「我沒有失敗，只不過是發現了一萬種不可行的方式。」每次教授團犀利的建議和同事們的嘆息聲此起彼落在我的耳際迴盪，這些挫敗的考驗並未澆熄我對閱讀的熱情，反而激勵我逆向思考的能力。我常常提醒自己：明確的建言絕對是善意道路的引光，誠如蘇格拉底所說：「唯一真正的智慧就是知道你一無所知。」沒有人願意冒著被討厭的風險對他人說出心裡的「真言」，尤其是那些掌握著資金的夢想投資方。

當時，靈感總是在深夜悄然而至，只要腦內迸發出新穎的想法，我就會立刻從床上躍起，迫不及待地將閃現的想法具體地記錄在備忘錄中。清晨七點不到，我就會興奮地奔赴辦公室，準備向團隊宣布：我想到解決方案了！

他們從不嘲笑我是個異想天開的唐吉軻德，反而會立刻圍坐在我身邊，成為與我一同圓夢的隊友。披星戴月的研發歲月，我窺見他們眼中閃爍著期待的光芒，常常有夥伴忘情地、滔滔不絕地闡述著自己更深遠的構想。這讓我想起亨利．福特[12]說的：「若所有人都一同向前邁進，那麼成功便會水到渠成。」

終於到了「路演」的關鍵時刻，當校長為三十多個團隊展示資訊台柱預先錄製的 D-iBOOK 選書界面時，我們緊張到連呼吸都變得小心翼翼。善意的信念終於協助團隊走完最後一哩路，最難走的崎嶇因善意讓我們更堅定前進，最後，我們的規劃也得到新北市教育局一千五百萬經費的挹注，聽到消息的當下，整個團隊都興奮到熱血沸騰了！丹鳳高中的閱讀科技館從無到有，如今夢想到手，終於要整裝待發了。

我們歡呼、擁抱，甚至激動得流下了眼淚。這無疑是自己職業生涯中最驚喜的瞬間，我們的奇思妙想在彼此的善意呵護下，終於有機會替學校改造一座真正的「閱讀移動城堡」：獨創的科技閱讀遊戲模式，讓學生們能在十秒內找到自己的命定之書，包含線上組隊進行閱讀挑戰，只要完成讀寫任務就能在虛擬閱讀地圖上更進一步。這讓我想起傳奇冰上曲棍球選手韋恩・格雷茨基（Wayne Gretzky）說的：「我要先走到球將要到的地方，不是它已到過的地方。」善意的力量讓看似遙不可及的夢想變成了美麗的事實。這段刻骨銘心的經歷，深刻地印證邱吉爾說過的一個道理：「成功不是結局，失敗也並非末日，重要的是有沒有勇氣繼續前進。」人生沒有什麼是不可能的，只要我們保持真誠，堅持不懈，就能不斷吸納周圍的正向能量和建設性的意見，促進個人成長

12 Henry Ford，美國汽車工程師與企業家，一九〇三年創立福特汽車公司。

和團隊長遠進步。一位領導人若能是善意的磁石，就能吸納善意幫助團隊「做對的事情」，並事半功倍地「把事情做對」。

丹鳳圖書館崇尚科技美學、人文與藝術的閱讀願景，這些創新的作為讓圖書館被許多報章媒體報導過，也被譽為全球最會移動的閱讀城堡。因此，我們也擁有許多迎接國內外參訪團隊的機會。這些貴賓是來自寰宇各處的閱讀探險者，每次的造訪都像譜寫一曲閱讀與心靈的交響樂，也如同在編織一幅幅文化理解與在地特色交織的錦繡。我們都深諳「月暈效應[13]」的箇中奧妙，精心打造自身的專業形象，以不凡談吐展現接待者最佳的一面，且營造出積極熱情的第一印象。正如時尚界巨擘卡爾．拉格斐（Karl Otto Lagerfeld）所言：「一個得體的外表，總能有效引發他人探索你內在靈魂的興趣。」我們以最真摯的微笑和最得體的儀態，散發善意接待的氣息，不僅消弭初次相見的「社交恐懼感」，更為賓主雙方營造絕佳的閱讀交流氛圍。

我們也曾為每位遠道而來的貴賓，精心準備寓意深遠的丹鳳文創書燈。這份特別的見面禮宛如一盞交流明燈，不僅照亮知識的殿堂，更點燃了彼此心中的善意之火。書燈圖騰凝聚了學生的創意靈感，也成為連結外賓與丹鳳的智慧之燈。同時，團隊更恪守日式「知客即尊客」的待客之道，為每個訪問團量身定制專屬的參訪行程。比如，我們會巧妙安排饒富趣味的小組闖關活動，讓閱讀活動如同歡快的闖關遊戲，外賓的笑聲響徹館中，原來，閱讀可以讓人一開口就微笑，促使彼此專業的交流如涓涓細流，匯聚成善意的浩瀚汪洋。這種無壓力的激盪且深入的互訪交流，也長期建立海內外閱讀聯盟，穩固堅實的關係。

最特別的經驗是，我們在準備外國嘉賓的飲食上也傾注心力，秉持「知己知彼，百戰不殆」的接待智慧，將台灣本地風味與訪客的口味偏好進行完美的配搭，打造一場不僅是挑動味蕾的盛宴，更是文化交流的饗宴。這種「吃在嘴

13 又稱「光環效應」，心理學上是指人們對他人的認知首先根據初步印象，然後再從這個印象推論出認知對象的其他特質。

裡，記在心頭」的待客之道，常成為參訪者印象中最難忘的「丹鳳記憶」。

每次舉辦完跨越校際、國界的閱讀的交流，善意的我們總是收穫滿載，丹鳳既是熱情的東道主，也是謙遜的學習者。竭誠地希冀每位訪客都能在丹鳳圖書館感受到如沐春風的交流溫暖，讓善意如輕柔的微風拂過每位參訪者的臉龐，將美好常駐於心扉。優游於這座充滿愛與智慧的圖書殿堂裡，我們不僅是知識的守護者，更是文化交流的大使，亦是四方善意的聚匯處。我們致力於築起一座座跨越國界的閱讀之館，為閱讀教育和國際友好貢獻自己的一份力量。

我曾讀過一個雋永的故事：二十世紀初，極地探險的熱潮席捲歐洲，那是對未知旅程的浪漫呼喚。英國探險家厄內斯特．薛克頓爵士（Sir Ernest Shackleton）宛如現代阿爾戈英雄[14]，懷著不屈不撓的精神，率領二十七名勇士啟航，展開第三次的南極探險。這支隊伍勇闖冰封世界的盡頭。然而，善於出手的命運總是喜歡考驗真正的勇者。當船隻剛抵達南極海域，就被無情的浮冰困住，這一刻，薛克頓面臨著：如何在絕境中給予喪志的夥伴希望？

薛克頓展現出非凡的領導才能和人格魅力，他說：「我們一定要『一起』活著回家。」無望的荒原因為彼此扶持的「共同」信念，薛克頓彷若善意的源泉，以眾志成城的信念喚醒團隊內在求生的韌性，讓每個人都堅信：只要我們團結一致，就能跨越這條模糊的生死線。薛克頓的做法宣揚的是人性之美、團隊合作的傳奇，逆境的突破更凸顯領導人的睿智過人以及危機處理的智慧，無形中也提升他在群眾中的好感。這個故事影響日後我帶領團隊面對困難時的正向思維。我相信愛默生的智慧之語：「你的善良，必須有點鋒芒，否則等於零。」一位領導人的善良不是漫無目標的投注，毫無底線的付出，而是要學會在給予他人和堅守原則之間尋求平衡。這種帶有「鋒芒」的善良領導，恰恰是領導者提升團隊績效與好感度的秘訣。

14 源自希臘神話，這群英雄曾伴隨伊阿宋乘阿爾戈號到科爾基斯去尋找金羊毛。

從青澀懵懂到成熟穩重，善良始終是我生命中最鮮明的特質。善良不僅能實踐在日常行為上，更反映在待人接物的態度中，善意成為提升個人好感度的人氣流量。然而，歲月的洗禮也讓我逐漸領悟：真正的善良不是無條件的退讓，而是在尊重他人的同時，以智慧堅守自己的價值底線。權衡後的善意，能讓人感受到待人的真誠與做事原則，自然而然地提升了他人對你專業尊敬和信賴的好感。

每個人都可以成為善意的發光體，也會是善意吸納的大IP。願我們以善意的初心感動更多善意的心靈，讓彼此串接的力量對世界產生更大的正向影響力。當善意吸納機成為我們此生待人接物的代名詞時，這不僅是生命最珍貴的肯定標籤，更是我們獻給這個世界最善意的禮物。

用善意溝通，打造善意循環

人生如同一場漫長探索的旅程，每個階段都充滿著起伏與轉折。正如作家艾爾文所言：「不要把今天的壞運當作人生的命運，因為壞運通常只是一時的，但一直被它掌管，那就會是一輩子的。」這句話深刻地揭示出了善意溝通的核心——保持樂觀和積極的態度，即使在逆境中也不放棄希望，找到善意的渠道去解決它。

童年時期，我是個特別內向害羞的孩子，與人交談對我而言如同一座難以攀越的高山。然而，生命的旅程總是充滿驚喜，它將我帶往教師這個志業，這是需要不斷與人善意互動的工作。這個身分賦予我的不僅是責任，更是一個蛻變的契機，讓我有機會學習如何與同事們分享專業的想法，傳達熱情的處事態度。同樣地，我也要扮演學生成長路上的引路者、陪伴者，「善意溝通」成為此生重要且必然要修練的生命技能。當然，人生的起點或許不盡相同，但這並非定局。表面上的劣勢，實是磨練我們內在心智——勇氣、能力、善良和韌性的機會。善意溝通教導我：如何在逆境中看到希望，如何在挑戰中發現機遇。它讓我學會在機會面前堅持不懈，因為我們深知，每次的挫折都可能孕育著無盡的學習寶藏，甚至是人際更大的善意。

在這條善意溝通的探索之旅上，我遇到了不少挑戰，如但丁《神曲》說的：「在人生旅途中，我發覺自己置身於一座黑暗的森林，迷失了道路……」溝通果真不只是一條筆直的直線，它是要不斷繞「善意」的遠路才能達到的人際終點。過去我受困於未經雕琢的話語帶來的風暴，當我無法完全展現真誠的內在思想，導致他人對我產生誤解與質疑時，內心是極度沮喪的。當時，為了避免觀點的碰撞，我選擇不斷退讓，甚至模糊自己的做人原則。但，委曲求全並沒有讓事情得到圓滿解決，反而是這些溝通跌跤的經歷讓我意識到，真正的善意溝通絕不是簡單的妥協或迴避，而是一門人際互動的高深學問，更是我要磨練與學習的人生之道。

於是，我決定用真摯的心來彌補自己言語表達上的不足。我發現，傾聽是我擅長的，而陪伴是送給表達者珍貴的溝通禮物。我的沉默不再是退縮，而是主動出擊的存在；我的誠懇與善良並非不設定底線的弱勢，而是緩步前行找到彼此共識的優勢。善意是座無形的橋樑，不只聽見自己內心最真實的聲音，也能觸碰到他們言語以下沒有說出口，卻最深層的熱烈情感。

在溝通的旅程中，我逐漸學會了主動伸出友善之手。每當我真心傾聽他人的心聲，或閱讀他們的文字時，我彷彿進入了瀰漫善意的世界。當我能在他人需要時伸出援手，就像是為他們的困局點亮了一盞明燈，引導他們走出黑暗，邁向光明的前路。

因此，在經營社交媒體時，我珍視每一條讀者留言，視之為善意的珍貴禮物。這些文字不僅是簡單的回饋，更是探索人性、理解人際關係的寶藏，促使我通往更深層理解與善意溝通的道路。例如，從簡單的「謝謝」到給出一段真摯的建議文字，這條善意溝通的學習之路雖然充滿挑戰，卻讓我收穫豐盈。我漸漸領悟到一個深刻的道理：專注傾聽是善意的源泉，真誠是溝通的基石，理解是人際關係的橋樑，而精準表達則是傳遞善意的途徑。

因此，我的文字不再帶有尖銳的批評，也不再試圖用言語來判斷是非對錯。相反地，我學會欣賞每一個人獨特的處世態度，將其視為理解多元聲音和善意表達的寶貴資源。當我們以善意為基礎去建立人際關係時，那些表層語言無法傳達的情感與心聲，也都能因善意連結而被真正「看見」和理解。這些改變讓我在每次的新書分享會上，感受到讀者善意的回饋都如同生命的甜蜜，讓生活苦澀的滋味都轉化成人情的甜磚。他們相信我的文字有力量，也帶給他們逆轉難關的祝福，這些信念讓我更加堅定書寫的起心動念：做為一名作家，我的使命不僅僅是創作，更是要學會站在不同身分與立場去思考問題，培養真正強大的同理心。善意溝通是一把神奇的溝通之鑰，總能輕易地打開彼此隱蔽幽微的心門。

善意循環的奧妙之處，不僅在於能夠讓我們在生命的轉角處邂逅美好，更在於它如同一股無形的磁力，即使在我們最軟弱之際，也能將我們牢牢地吸附在善良的軌道上。曾經，一場交通事故的紛爭將我捲入了人性的漩渦裡。在那段灰暗的日子裡，我心力交瘁，對世間的善意產生了動搖。然而，命運總是寬容地在絕望中播下善意的種子。正當我徬徨無助、不知所措之際，一位多年未見的學生家長如同及時雨般出現。他不僅幫我調解了糾紛，更引導我尋找正確的溝通管道去解決問題。這段難熬的經歷宛如一場善惡的淬煉，讓我深刻體悟到：人類的存在本質上是相互依存的。沒有人能夠置身事外，或是成為決絕於世的局外人。

平日看似微小的助人舉動，可能會在他人的生命中泛起無數美麗的漣漪。若能在生命抉擇的關鍵時刻，被善意的曙光指引，我們就能在逆境中看到希望的方向。這也讓我們真正理解「否極泰來」的深意。善意就像一塊強大的磁石，能夠吸引更多善意進入我們的生活，從而創造出良性循環的溝通系統。

同時，在探索善意溝通的道路上，我的母親是我最好的人生導師。她善用正面、鼓舞人心的話語慰安他人，為傾聽者的心靈注入源源不斷的能量，如同春風吹拂的溫柔，春雨潤澤的滋養，每個人的心田都開出善意的芳馨。她的存在總能在日常生活中營造出溫暖積極的氛圍，也讓我不由自主地想要主動散發善意，樂於主動付出與回饋。在人生的旅途中，我們難免會遇到誤解和傷害。面對這些挑戰，善意溝通提供了一個全新的視角。正如我的知己所言：「與其花時間讓討厭我們的人喜歡自己，不如花時間離開消耗我們能量的人，尋找真正欣賞我們的朋友。」這番話揭示善意溝通的另一面向——懂得取捨，願意放下，珍惜真正理解和支持我們的人，行走在志同道合的善意旅程。

受到母親與友伴善意溝通的啟發，我在社交平台上發起了善意書寫的活動：每日記錄三件值得感恩的事物。我鼓勵大家用各種方式——文字、語音、圖像——來記錄生活中細微卻值得被自己反覆憶起的感恩之情。漸漸地，這個小小的舉動如同波紋般擴散開來，臉書的社交網絡開始綻放出越來越多世間美好的瞬間。像是蕙英老師的美字金句如同晨曦的召喚，是大家一日活力的來源；我的每日一書推薦文，也讓更多愛書的友伴，開始成立閱讀粉專，用不同渠道分享書籍的內容與啟發，文字的善意不僅讓大家日日感到安心愉悅，有時作家朋友也會到我的貼文下留言，相互激勵、彼此支持，共同編織一個更加美好、充滿善意的閱讀圖景，傳遞文字可以逆轉所有的黑暗，因為我們正經歷這些如日光般燦爛的人間善意。

然而，善意溝通的根源在於「自我接納」。唯有真正欣賞並覺察自己，我們才能夠以真誠的心對他人付出。這種發自內心的善意，能夠幫助我們遠離負面情緒的漩渦，將注意力集中在生命中真正重要的人事物上。韓劇《模範計程車》中有一句發人深省的話：「生活是自己的，你選擇怎樣的生活，就會造就怎樣的你。」它完美地詮釋了善意溝通的精髓。我們所選擇的生活方式，不僅塑造出我們的人生軌跡，也決定我們與他人互動的模式。當我們選擇以善意對待他人時，我們就在創造一個更加和諧、友善的溝通環境。同時印證善意溝通的力量實在不容小覷。它不僅能幫助我們克服生活中的重重難關，還能改善複雜的人際關係，提升工作效率，甚至徹底改變我們對人生的態度。正如《模範計程車》中所言：「單靠毀掉對方並不能完成復仇，只有你徹底過好自己的人生時，才是真正的完成復仇。」不被惡意擊倒，做出反擊惡意的事，而是透過善意的昇華讓生活向上提升品質。無論是面對日常的磕碰、痛苦的關係、工作的瓶頸、職場的詭譎，還是未知的人生挑戰，我們都能憑藉善意的力量化解困境，讓不如意漸漸遠颺，好事接踵而至。善意溝通不僅是一種說話的技巧，更是奮進生活的態度，它能幫助我們在任何境遇中保持積極樂觀，創造更美好的人生。

文字的善意宛如夜空中微亮的星光，即便在人生的黑暗時刻也能指引我們堅定前行。每當我推出新書，那些因善意文字而結下深厚友誼的作家們，總會如繁星般為我的新作點綴耀眼的文字光芒。以《國學潮人誌》為例，作家「敏鎬的黑特事務所」為我撰寫了一段動人心弦的推薦文：「經典中蘊含的思想激盪與人生百味，不幸被升學主義和枯燥背誦所禁錮，令人望而卻步。恰如《牡丹亭》中的杜麗娘，花樣年華卻只能在大宅中枯坐發愁。而我們能做的，就是輕輕叩響那扇禁錮的門，以全新的心態邂逅這些文化瑰寶，譜寫出與眾不同的文化戀曲。若你已厭倦了刻板的課本與考卷，翻開《國學潮人誌》，定能助你撥開與古人之間的迷霧！」

這段文字不僅展現敏鎬對古典文學博大精深的才學，他的推薦文更像一把打造善意的鑰匙，為我們開啟了重新認識文學奧秘的大門。同時，他也深刻理解了我創作潮系列的初衷——在這個快節奏的時代，若能以創新的視角重新詮釋在歲月長河中，文字留下古人的智慧結晶，透過跨世代轉譯的方式，讓前人珍貴的知識底蘊以新潮的面貌華麗變身，既保留傳統經典的思想精華，又能注入年輕、創意的書寫活力，讓古代造局者綻放出絢麗的「潮花」。

至於自己的第一本散文集《有情人間》問世時，作家凌性傑以其溫暖的筆觸留下善意的文墨：「怡慧老師以深情之眼凝視日常生活，在動盪的時局裡安頓自己，編織成這本《有情人間》。這本散文集裡，怡慧老師熱情地分享閱讀體驗，將柔軟的心念坦露出來。此外，我也讀到冥想靜心的療癒效果、流行音樂的洗滌、血緣親情的羈絆、成長路途上的諸多風景……這一切都是意義的依託，也是文學世界裡無盡的寶藏。」性傑溫柔的敘寫不僅是對作品的祝福，更像是善意溝通的生動詮釋者。透過文字的善意，我們跨越時空的界限，在靈犀與靈犀的交會處，彼此深情的遙相對望，那是心與心悄然相遇的無聲溝通，更是我們與自己、與他人、與世界對話的方式。

透過文字的善意溝通，讓我感受到我不再是孤立無援的一個人，生命不再煢孑孤單。同時，在紛擾喧譁的現實中尋找內心的片刻寧靜，也讓我們能在平凡的日子裡，與情投意合的人相互扶持、分享生活的體會，如知己般促膝長談。當然，文字靜默卻自帶力量的溝通方式，會讓我們驚喜地發現，身邊有許多與我們心靈相通的善意朋輩，他們願意慷慨地伸出援手，樂於分享擁有的資源和亮麗舞台。在互惠互利的溝通網絡，重塑觀察世界的視角，讓我們的人生旅程因善意溝通更加豐富多彩、意義非凡。

正如布莉安娜・魏斯特在《你就是困住自己的那座山》中所言：「出現在你面前的這座山，是生命對你的呼喚，是你抵達此時此刻的目的，你人生的道路終於清晰可見了。」善意溝通就像是攀登這座山的階梯，幫助我們一步步克服內心的恐懼和不安，在善意的世界拾級而上，逐漸攀登到更高聳入雲、自我挑戰的境界。在人際來往更上一層樓的過程，我們得以一窺人性的美善與光輝，如同越上山巔後遠眺的絢麗日出，自是碧空如洗。最終，我們會欣喜地發現，正是那個內心盈滿善意的自己，牽引著曾經不擅表達的自己，找到一條通往善意溝通的幸福道路，讓大家都能自適安心的溝通之道。

記得弘一大師在《晚晴集》說過：「世界是個回音谷，念念不忘必有迴響，你大聲喊唱，山谷雷鳴，音傳千里，一疊一疊，一浪一浪，彼岸世界都收到了。

凡事念念不忘，必有迴響。因它在傳遞你心間的聲音，綿綿不絕，遂相印於心。」善意的念頭如同每聲呼喚，彷若在宇宙激起無形美好的波瀾。每個善意舉動看似微不可察，但擴散的力量正悄悄地改變整個世界的面貌。即使是最細小的善意也能在他人心中種下希望與愛的種子。

在這條由善意鋪就的人生道路，我們從來就不是孤獨的行者。每一步，都可能與心心相印的同路人驀然而遇。善意溝通讓我們在茫茫人海中找到思想的歸屬，在喧囂中諦聽善良的跫音。善意溝通像是給了我們一雙澈亮的眼睛，讓我們得以用如鷹的視角審視這個世界，發現其中隱藏的美好——愛、慈悲、理解、同理心。

最後，我終於明白，善意溝通並非高不可攀的表達技巧，而是每個人都能在日常生活中實踐的處事態度。它可能是會心的微笑，真摯的鼓勵，或者只是一個安靜傾聽的姿態。它如同黑夜中的燭光，不僅照亮他人的世界，也溫燦自己的心靈。在善意溝通的道路只要不斷探索與精進，有朝一日，我們會發現，過往善意的累積，將替美好的世界帶來了奇蹟——原來，我們早已處於夢寐以求的生活烏托邦而不自知呢！

後記

從安靜到暖語，讓善意發聲

當我寫下《善意溝通》最後一個字時，竟獲得生命如此深刻的領悟：溝通恰似小心翼翼剝開的層層心事，一如拆開塵封已久的心情信箋。記得瑪莉安・威廉森《愛的奇蹟課程》所說的：「我們來到世上，不是為了去修補、改變或貶低另一個人，而是為了支持、寬恕和療癒另一個人。」因而，每次的對話都像靈犀的相會，每回的傾聽都無聲的擁抱。

書中的每個篇章都承載著生活的善意，每個句讀都標誌著生命的祝福。真正的善意不是偽裝，而是讓彼此都成為更好的人。有人說：「點亮別人的燈，不會讓自己的光芒減弱。」這句話讓我更加堅信：只要你願意真心給予善意，你就會獲得更多的真誠反饋，就像劉同所說的：「只要我們不是平行線，終會有相交的一天。短暫的離別不會使我們淡忘彼此，而是會越來越彼此懷念。」無論離別聚合，我們都將在生命的某處久別重逢，再續善意的前緣。

溝通雖是一門深奧的藝術，但存乎一心的永遠是善意。如同島田洋七在《佐賀的超級阿嬤》所說：「真正的體貼是讓人察覺不到的。」當人生故事漸漸斑駁褪色，那些回眸時的淺笑、挽手時的暖意，卻永駐於最初的記憶裡。這些不著痕跡的善意，正是我希冀在敘寫中捕捉的生命溫度。

感謝主編平靜高提「善意溝通」的燦燈，讓我能從最初構思主題時的躊躇不前，到漸漸在書寫的迷霧中找尋方向：以溝通為圓心，善意為半徑，描繪出完美的人際弧線。書寫這條路，我已耕耘十載，因這本書而憶起年少時那個內向害羞的小怡慧。青澀的我，總不懂得如何好好表達，害怕與人交談，從未想過有朝一日能以文字與讀者分享交流，甚至收穫如此豐盈的生命饋贈——善意溝通。然而，生命總是充滿曲折的驚喜與轉彎的奇蹟：可愛的學生們為我傳遞善意的純真，摯愛的家人為我踐行善意的奧義，相挺的同事為我串連善意的足跡，知心的朋友為我編織善意的網絡。而那些素未謀面的讀者們，在社群平台上給予溫暖支持與真摯鼓勵，如細流般的善意在歲月中慢慢流淌著芳醇的人間情份。

溝通不只是說話的技巧，更是善意的傳遞。如費滋傑羅在《大亨小傳》說道：「這個世界對著你笑的人太多太多，但真心包容你的卻太少太少。」正因如此，我仔細記錄那些真摯溝通、包容異見的日常點滴，以及從每個人身上領受的善良恩澤。當我們願意放下成見，以真誠的心靈去聆聽、理解他人時，溝通便不再是困難的課題，而是搭起善意的一座橋樑。我見證過善意溝通的無窮力量，感受它如何潛移默化地改變著一個組織，溫暖著每個團隊的歷程。

人生至此，我漸漸明白：溝通是不落入是非黑白的爭執，它是包容差異、尋求理解的共識，有時在沉默之中，在話語之外，我們學會用心感受，用愛傾聽，才能獲得無聲的共鳴。因而，溝通不再是令人卻步的難題，而是慢慢攜手邁向心領神會、溫良敦厚的生命旅途。正如卡繆在《異鄉人》所言：「在這個世界上，一個人若不是在某種程度上愛著另一個人，他就無法生存。」我們都需要被世界支持，也支持所愛的人間。

祈願這本書能引領讀者走進善意對話的桃花源，從文字給予的啟發去擴展溝通的無限邊界，同時也尋求表達的所有可能。如同蔡康永所說：「內心住著天使，永遠比天使的外表更能打動人。」我始終深信：當我們以真誠理解他人時，必有人能讀懂話語中的底層溫柔，並穩穩地接住我們的情緒，給予說話者最善意的回饋。

國家圖書館出版品預行編目資料

善意溝通：怡慧老師的 0 負評暖心說話課 / 宋怡慧 著. -- 初版. --
臺北市：平安文化, 2024.12　面；公分. --
(平安叢書；第0821種)（宋怡慧作品集；02)

1.CST: 說話藝術　2.CST: 溝通技巧

ISBN 978-626-7397-88-6（平裝）

192.32　　113016727

平安叢書第0821種
宋怡慧作品集 02

善意溝通

怡慧老師的 0 負評暖心說話課

作　　者—宋怡慧
發 行 人—平　雲
出版發行—平安文化有限公司
台北市敦化北路120巷50號
電話◎02-27168888
郵撥帳號◎18420815號
皇冠出版社(香港)有限公司
香港銅鑼灣道180號百樂商業中心
19字樓1903室
電話◎2529-1778　傳真◎2527-0904
總 編 輯—許婷婷
執行主編—平　靜
責任編輯—張懿祥
美術設計—之一設計／李偉涵
行銷企劃—鄭雅方
著作完成日期—2024年
初版一刷日期—2024年12月

法律顧問—王惠光律師

電腦編號◎591002
ISBN◎978-626-7397-88-6
Printed in Taiwan
本書定價◎新台幣350元/港幣117元